立花宗茂

戦国「最強」の武将

加来耕三
歴史家

712
中公新書ラクレ

はじめに

知られざる〝生涯不敗〟の武将

室町時代の中葉、十一年におよんだ内乱「応仁の乱」に始まり、百五十年近くを経て、大坂の陣が終息した〝元和偃武《げんなえんぶ》〟までの期間、活躍した大名や豪族（国人《こくじん》・土豪《どごう》）を、われわれは「戦国武将」と呼びならわしてきた。

この戦国時代――中国・周《しゅう》の威烈王《いれつおう》から秦《しん》の始皇帝による天下統一までの、群雄割拠の時代を「戦国」と称し、これを日本の乱世に当てはめた――の中で、さて、最も合戦《かっせん》に強かった武将は誰であったろうか。

毛利元就《もうりもとなり》、武田信玄、上杉謙信、織田信長、豊臣秀吉、徳川家康、伊達政宗《だてまさむね》といった武将の名があがって来るかと思う。では、生涯、不敗の武将と問えばどうだろうか。

――筆者は、「立花宗茂《たちばなむねしげ》」を推す。

去る平成三十一年（二〇一九）三月七日、NHK・BSプレミアム『英雄たちの選択』で、「天下無双の名将・立花宗茂～関ヶ原敗戦・奇跡の復活劇～」と題して、この武将を取りあげた。司会の磯田道史《いそだみちふみ》氏（国際日本文化研究センター准教授）、杉浦友紀さん（NHKアナウンサー）以下、出席者の萱野稔人《かやのとしひと》氏（哲学者・津田塾大学教授）、中野信子さん（脳科学者・東日本国際大学特任教授）＝全員がこの武将に、惚れこんでいたのには驚いた（出演者の一人、筆者も含めて）。

また、令和二年（二〇二〇）十月三十一日の同番組スペシャル「今夜決定！〝最強〟の戦国武将は誰か？」において、「五十人以上の専門家アンケート調査」で九州ブロック一位は「立花宗茂」であった。ちなみに、同五位には養父・戸次《べっき》（立花）道雪《どうせつ》、同十位には実父・高橋紹運《たかはしじょううん》も入選していた。そういえば、東京大学史料編纂所教授の本郷和人《ほんごうかずと》氏も、一番好きな武将に「立花宗茂」をあげていたという。

この武将は歴史番組では度々《たびたび》取りあげられており、〝歴史通〟の中にはファンも決して少なくないのだが、残念なことに一般にはあまり知られていない。

立花宗茂は、〝独眼龍〟伊達政宗や人気の高い真田幸村《さなだゆきむら》（正しくは信繁《のぶしげ》）と同じ生年＝〝花の永禄十年（一五六七）組〟であった。

東北地方を代表した政宗や戦国最後の戦《いくさ》である大坂の陣で活躍した幸村と異なって、宗茂は活躍の年齢が比較的若く、場所も綺羅星《きらほし》の如く群雄が割拠した九州――日本史では、やや西に寄りすぎている――が主戦場であり、奇跡的な大勝利をおさめたのが目下、一般にタブー視されがちな朝鮮出兵＝文禄・慶長の役であったことから、どうもその力量を正当に評価されていない嫌《きらい》（よくない傾向）があった。

三つの奇跡的勝利

しかし、その将才・軍才は群を抜いていた。生涯不敗伝説の中でも、とくに次の三つは日本史を通観《つうかん》（全体を見渡す）しても重大であった。

まず一つは、島津《しまづ》氏の大軍を支えた戦い。

宗茂は、九州制覇に最も早く王手をかけた豊後《ぶんご》（現・大分県の大半）の大名・大友宗麟《おおともそうりん》の家臣であり、養父・戸次（立花）道雪、実父・高橋紹運、実弟・高橋統増《むねます》（のち立花直次《なおつぐ》）と共に、筑前（現・福岡県北西部）の守備についていたのだが、ここへ大友軍を耳川《みみかわ》の合戦で大敗させた強豪・島津軍が、全九州支配を目指して北上戦を敢行してくる。

詳しくは本文でみるが、群がり攻め来る島津五万余騎の猛攻を、宗茂は四千余人を率いて

写真１　立花宗茂肖像（福厳寺蔵、立花家史料館提供）

籠城戦を行い、みごと守り抜いた。

豊臣秀吉の軍勢が九州入りするまで持ちこたえ、反撃にまで打って出ている。五万余騎を千五百で進撃し、軍功をあげていた。

もしも、秀吉軍が到着する前に、島津軍が宗茂の立花山《たちばなやま》城（立花城とも。現・福岡県福岡市東区、糟屋《かすや》郡新宮町《しんぐうまち》・久山町《ひさやままち》にまたがる）を陥《おと》していれば、島津軍はおそらく全九州制覇を成し遂げ、秀吉の九州征伐に際しても、結果として九州の半分程度を領有することになった可能性は高かった。

二つ目は朝鮮出兵の最中、反撃に転じた李如松《りじょしょう》率いる明《みん》国四万三千、李氏朝鮮十万余の連合軍に対して、宗茂がわずか三千余の寡兵《かへい》をもって大勝をあげたこと。これは日本戦史上、空前絶後の奇跡的大勝利であった。

もしも、文禄・慶長の役の日本軍の中に、この宗茂がいなければ、無謀な遠征にかり出された日本軍将兵は、朝鮮半島で壊滅していた可能性が高い。そうなれば、その後の日本史のみならず、アジアは大きく変わったことであろう。さらに宗茂は、西軍の主将・石田三成が東軍の総大将・徳川家康に挑んだ関ヶ原の戦いにおいて、〝天下分け目〟の戦いの同日、自らが担当した近江《おうみ》（現・滋賀県）の大津城（城主・京極高次《きょうごくたかつぐ》）攻めにおいては、みごと降参、開城させていた。こちらの西軍は、勝っていたのだ。

歴史は結果からながめると、何も学べない。起《おこ》り（事のはじめ）と途中《プロセス》が大切である。

西軍は決戦前、美濃大垣城（現・岐阜県大垣市）に籠《こも》っていた。当初、味方についていながら寝返った京極高次を討つべく、常勝＝切り札の宗茂が出陣したが、この時点で東軍は関ヶ原（現・岐阜県不破郡関ケ原町）に展開していない。

家康が関ヶ原の決戦を決断したのは、会戦の前日であった。

西軍は、宗茂の大津城陥落の勝利を籠城しつつ待ち、東軍と膠着《こうちゃく》状態になったところで、大坂城の豊臣秀頼《ひでより》（秀吉の忘れ形見）を、西軍の総大将・毛利輝元《てるもと》によって戦場に迎える作戦を立てていた。

ところが、突如として決まった宗茂不在の関ヶ原本戦は、西軍の大敗となってしまう。

もしも、関ヶ原に〝生涯不敗〟の立花宗茂がいたならば、筆者《わたし》は西軍が押し切ってこの一戦、東軍に勝っていた、と確信している。おそらく、ここでも歴史は変転したはずだ。

〝コロナ禍〟だからこそ、宗茂に学ぶ意義

宗茂の凄味は、関ヶ原で友軍が大敗してもまったく動揺しなかったところにあった。

彼は大坂城に入城すれば、最終的に勝利を得られると信じていた。なにしろ十万人の大軍が十年間、籠って戦える天下一の巨城である。途中、慌《あわ》てふためいて瀬田《せた》の唐橋《からはし》(大津の瀬田川にかかる橋)を焼こうとする味方に対して、宗茂はこれから関東へ攻め入るのに、何をするのか、とそれを阻止して大坂城へむかっている。

ところが、大坂城内の毛利輝元は、事前に家康と連絡を取り合い、そもそも戦う意志がない。宗茂は失望し、それでも粛々と手勢二千五百を率いて柳河《やながわ》(柳川とも。現・福岡県柳川市)に戻り、黒田如水《くろだじょすい》(官兵衛)や加藤清正《きよまさ》の説得に応じて開城におよんだ。

筆者はこのおりの宗茂の心境は、令和二年(二〇二〇)初頭から、中国・武漢に端を発した新型コロナウイルス感染症の流行、世界的規模の感染爆発《パンデミック》による拡散の中で、日常生活を突然、奪われた現代人と同じではなかったか、と考えてきた。

人は誰しも、片目で未来をとらえながら――これからの予定《スケジュール》を考えながら――、日々の生活を営んでいる。ところがときに、日常に組み込まれていたはずの未来が、突然、消えてしまうことがある。予定の一つや二つが中止になるのならばまだいい。何の前ぶれもなく、すべてが消えてしまったのが〝コロナ禍〟であった。

令和二年四月には、日本でも「緊急事態宣言」が発令され、経済活動・社会生活にも多大な制限が加えられ、その損失規模はリーマン・ショック、バブル経済崩壊を超え、昭和四年（一九二九）に発生した〝世界恐慌〟に匹敵する、とまでいわれている。

多くの人々は、「一日も早く、コロナの前に戻れるように――」と心から祈っていることであろう。だが、酷《こく》なことをいうようだが、それはあり得ないことである。

古代ギリシャの哲学者ヘラクレイトスは、「同じ川に二度入ることはできない」といった。川は絶えず流れている。今日、足を浸した川の水は、明日は流れ去ってもはやない。

関ヶ原敗戦後の宗茂も同断、何一つ、彼に落ち度はなかったにもかかわらず、友軍の関ヶ原大敗により、宗茂は豊臣秀吉から拝領した筑後《ちくご》柳河の領地（十三万二千余石）を家康に取りあげられてしまう。決戦の場にいた西軍の大谷吉継《おおたによしつぐ》は自死、一旦は戦線を離脱した主将の三成、小西行長《こにしゆきなが》、安国寺恵瓊《あんこくじえけい》は刑場の露と消えた。すべてを失って浪々の身となった宗茂は、

〝コロナ禍〟に見まわれたわれわれ日本人と同じではあるまいか。

新型コロナウイルスの出現する前に存在した世界、その延長線上の〝明日〟は、未来永劫《えいごう》にめぐりくることはない。まったく異なった未来へ、われわれは歩み出さなければならない。

しかし、消えた未来に未練を残す人、消えた未来に無念を噛みしめる人は少なくない。

いつまでも立ち止まっていては、過去に取り残されてしまう。宗茂は「もう駄目だ」と茫然自失することなく、己れの宿命に立ち向かった。

なんと二十年の歳月をかけて、彼は柳河に大名として復帰を果たしている。関ヶ原敗戦のおりが三十四歳。柳河再封が決まったのは元和六年（一六二〇）、五十四のときであった（柳河帰着は翌年、五十五歳）。つまり令和二年は、再入城四百年の節目の年となる。

無論、このような〝奇跡〟は、ほかに例がない。

なぜ、宗茂は返り咲けたのか――この〝奇跡〟の軌道、「難関突破《ブレイクスルー》」を、宗茂の人間力（個人の魅力と能力）に求め、解明するのも本書の目的の一つである。戦国武将・立花宗茂は、現代を生きるすべての日本人に、多くの示唆、夢と希望を与えてくれるに違いない。

これまでもおりにふれ、この〝奇跡の武将〟については述べてきたが、本書は生涯を通論《つうろん》したものである。本書を執筆するにあたっては、多くの先学諸氏の研究成果を参考とさせていただいた。引用した文献については、その都度、本文中に明記したが、改めてこの場を借りて、感謝の意を表させていただく次第です。また、史料を提供いただいた福岡県柳川市、多くの教示をいただいた柳川古文書館館長・田渕義樹氏、立花家史料館館長・植野かおり氏に心より御礼申し上げます。

なお、本書執筆中、立花宗茂を主役としたＲＫＢ毎日放送のラジオ番組「加来耕三が柳川で大河ドラマをつくってみた　超拡大！　放送尺22倍スペシャル」（令和二年二月十一日放送・パートナー勝木夏菜《かつきかな》さん、プロデューサー大坪正一郎氏）が、第五十七回ギャラクシー賞ラジオ部門で、優秀賞を受賞したことも付言しておきます。

令和三年正月吉日　福岡県・立花山山頂にて

加来耕三

目次

躍する宗茂／宗茂の愚直な仕置きにみる一騎当千の創り方／着々と進む、秀吉の「唐入り」／混乱する三国／大航海時代は〝力〟が正義だった?!／幻のイスパニア対日本軍の対決／朝鮮出兵はバブル経済と同じ轍《わだち》／日本軍の快進撃と第一回軍《いくさ》評定／日本・朝鮮・明国にまたがる国割計画／活躍しても評価されない家臣へ、宗茂はいう／残念な人と、対照的な宗茂の活躍／先鋒は立花宗茂！／碧蹄館の決戦／不思議な人生を生きた記録者／大勝利のあとの、意外な宗茂／嫉妬する大名たちが仕掛けた、宗茂と黒田長政の勝負とは／福島正則の前で舞う宗茂と〝日本七鎗〟／小早川秀秋、宇喜多秀家の共同謀議／再び慶長の役が始まる／大勝利となった元凟の戦い／派閥抗争プラス毛利氏の思惑／許されざる毛利輝元の所業／名将・吉弘統幸の壮絶な最期／西軍の宗茂、大津城を攻城す／もしも、宗茂が大坂城に籠城していたならば

本文ＤＴＰ／今井明子

立花宗茂

戦国「最強」の武将

序章　九州三国志

東国の本多忠勝・西国の立花宗茂

織田信長・豊臣秀吉・徳川家康――世にいう〝三天下人〟〝戦国三英傑〟がこぞって、現在の愛知県（東半部は旧三河国、西半部は旧尾張国）に偏《かたよ》って出現したためか、日本の戦国時代は彼らの生きた中部地方と、都の京都、畿内を結ぶ地域が大写《クローズアップ》しされ、立花宗茂の若き日の主戦場・九州は、ややもすると番外、外伝風に扱われる嫌があった。

加えて、武田信玄に対する上杉謙信のような、好敵手《ライバル》と呼べる存在が、宗茂には同時代の九州にいなかったことが、彼の不幸といえば不幸といえそうだ。

――宗茂と、単一で比べられた好敵手はいた。

天正十八年（一五九〇）二月一日、九州征伐を終え、これから北条氏の小田原を攻めようと考えていた秀吉が、配下の大名に上洛を命じたことがあった。

このおり参候《さんこう》（参ってごきげんをうかがう）をした家康は、秀吉に「本日は本多平八郎《ほんだへいはちろう》を召し連れておられるか」と尋ねられる。連れてきております、と家康が答えると、秀吉は呼び出させて、居並ぶ大名の前に本多平八郎忠勝《ただかつ》を紹介した。

あわせて、宗茂（このときは統虎《むねとら》）を呼び出し、二人を並べて次のようにいった。

「こちらが東国《とうごく》において隠れのない本多平八郎であり、一方は西国《さいごく》にあって無双《むそう》の誉れがある立花左近将監《さこんしょうげん》（宗茂）である。二人は今後、心を合わせて、立花は西国の守禦《しゅぎょ》（防ぎ守ること）となり、本多は東国（翌三月、秀吉は小田原征伐を開始する）の扶翼《ふよく》として務めよ」

さらに、秀吉はいう。

「――二人は東西無双の者であるから、余の目の前で対面を許す」

天下人に賞された二人は、大いに面目を施し、諸大名は皆、あっぱれ面目かな、と感嘆した。おかげで宗茂は、ここではじめて天下にその名が知れわたることになる。

なにしろ一方の忠勝は、徳川四天王の一人に数えられ、家康麾下《きか》で並ぶもののない戦上手《じょうず》として、すでに世に知られていた。

天文十七年（一五四八）、本多忠高《ただたか》を父、植村氏義《うえむらうじよし》の女《むすめ》を母として、平八郎忠勝は三河国で生まれている。家康より、六歳の年少になる（宗茂は忠勝の十九歳、家康の二十五歳年下）。

十三歳で初陣を飾った忠勝は、上洛をめざす東海の太守・今川義元《よしもと》の先鋒となって、駿河国（現・静岡県中部）を発した家康の、尾張国大高《おおだか》城（現・愛知県名古屋市緑区）への兵糧運びに参戦。その翌年の永禄四年（一五六一）三月には、家康が織田信長と和を結ぶため、尾張国清洲《きよす》（清須）城（現・愛知県清須市）に赴いたとき、これに従っている。

清洲城下では織田家の士卒たちが、一度は織田家に人質生活をおくった家康の、立派な武将に成長した姿を一目見ようと、大勢集まり騒ぎ立てていた。その真っ只中を、当年十四歳の忠勝が大槍をひっさげて、家康の先導に立った。そして、大喝していったものである。

「わが主《あるじ》・家康、会盟のため清洲城内に入る。汝《なんじ》ら、なにゆえ騒ぐか、無礼であろう」

その気魄の凄まじさと、三河武士の主従関係にうかがえる緊密ぶりに、信長も感嘆し、内心、羨ましくも思ったと伝えられている。

「家康に過ぎたるもの」

以来、忠勝は家康が参戦したほとんどの合戦に従軍し、そのたびに功名をあらわし、弱冠十九歳にして、騎士五十余人を与えられる一方の部将に任ぜられた。

しかも忠勝は、武勇一点張りの人物ではなかった。

元亀三年（一五七二）九月のことである。甲斐《かい》（現・山梨県）の武田信玄が、三河と遠江《とおとうみ》国（現・静岡県西部）を攻め取るべく、二万七千余の大軍を率いて遠江見付《みつけ》の原（現・静岡県磐田市）に押し寄せた。そして次には、見付の原から袋井《ふくろい》（現・静岡県袋井市）に侵入してきたので、家康は天龍川に出陣し、その先陣は川を渡って三加野《みかの》（現・静岡県浜松市東部から磐田市西部）にまで進出。その数、八千——。

ここで家康は忠勝に、戦術を相談している。

「地の利は敵にあり、一応退くが得策かと存じます」

忠勝は答えたという。ところが、敵味方の距離は接近し過ぎていた。忠勝は味方に退陣命令を伝えようとしたが、乱戦模様となっており、もはや通常の伝達方法では難しい状況となっていた。このとき、敵味方の間に馬を乗り入れ、縦横に馳せめぐらせては味方に下知し、無事に退かせ、追尾しようとする敵軍を〝蜻蛉切《とんぼぎり》〟の名槍をふるって突きくずし、殿軍《しんがり》役を果たしたのが忠勝であった。

ときに、二十五歳——その凄まじい奮戦ぶりが、家康をはじめとする味方陣営の称賛を浴びたのはいうまでもない。見事にしてやられた武田勢も、忠勝の豪勇ぶりを、

〽家康に過ぎたるものが二つあり　唐《から》の頭《かしら》に本多平八

と謳《うた》った。ついでながら、唐の頭とは、兜《かぶと》の頂上に犛牛《りぎゅう》（毛色のまだらな牛）の毛を飾ったもののこと。当時の舶来品で、家康はこれを部将の兜に掛けさせ、徳川家の武威のしるし

としていた。ちなみに、宗茂の月光の兜のうしろには、久連子鶏《くれこどり》（肥後八代原産《ひごやつしろ》の地鶏）の毛が長くたれ、緑色に輝いている。

やがて秀吉に臣下の礼を取った家康は、小田原征伐ののち、滅んだ北条氏に代わって関東へ入部するにあたり、忠勝の功を厚く賞し、十万石を与え、上総国大多喜城《おおたき》（現・千葉県夷隅《いすみ》郡大多喜町）に封じた。すると、天下人秀吉もまた、忠勝の武勇のほどを認め、執奏して従五位下中務大輔《なかつかさのたいふ》に叙任している。

その秀吉にはかつて、忠勝の武者ぶりに感動させられたことがあった。小牧《こまき》・長久手《ながくて》（現・愛知県小牧市と長久手市付近）の戦いのおりである。

忠勝の〝忠勇至極〟

天正十二年（一五八四）、家康は織田信雄《のぶかつ》（亡き信長の二男）を擁して、秀吉に〝天下分け目〟の合戦を挑んだ。秀吉は池田恒興《つねおき》の献策を容《い》れて、遠く戦場を離れて三河に侵攻する許可を与えたが、四月九日、長久手で恒興や森長可《もりながよし》らは家康の本隊に討ち取られてしまう。

秀吉は大いに驚き、自ら楽田《がくでん》（現・愛知県犬山市）より長久手に打って出た。その軍勢数、およそ八万である。忠勝はこのとき、小牧の陣にあったが、秀吉の大軍が来襲すると聞くや、手勢を二分して半ばを陣にとどめ、五百の兵を率いて自らは出陣。秀吉軍と小川を距《へだ》てて、並行してすすんだ。そのうえで忠勝は士卒に向かい、

「いま、ここで秀吉の軍とわれらが必死に戦えば、少しの間でもその進軍を遅らせることができる。その間に殿（家康）は疲労した兵をたて直し、思うままに勝敗を決せられよう」

と、決死の覚悟を求め、自ら率先して、わずか五百の手勢を、秀吉軍の八万の前面に出す。むろん、生命《いのち》はない。それを知った秀吉は、思わず涙を滲ませる。自軍の士卒が忠勝を討ち取ると騒ぐのを制して、秀吉はいう。

「わずか五百の兵をもって、わが大軍に挑むは、もとより死を覚悟のうえであろう。死を賭《と》して時をかせぎ、主君の勝利をはかろうとする、その志は忠勇至極である」

続けて、秀吉は部下に命じた。

「秀吉、運つよければ戦に勝とう。あたら勇者を討つべからず」

忠勝を殺すな、というのである。秀吉に救われた忠勝は、それでも長久手に駆けつけたのだが、すでに戦は味方の勝利に終っていた。忠勝は家康に会うと、怨めし気に、

「言い甲斐なくも小牧に捨てさせ給《たま》い、かかる大事の軍《いくさ》に合い不申《もうさず》」

これに対して家康は、笑って次のように答えた。

「忠勝を自分の代わりと思い、小牧に留めおいたのだ。忠勝が小牧にいたればこそ、自分は安心して戦うことができ、勝利することができたのではないか」

忠勝は関ヶ原の戦いで、宗茂と戦う側の人となるが、二人は生涯、直接対決することはなかった。おそらく忠勝を引き合いに出して秀吉は、家康には忠勝がいるが、わしには宗茂がいるのだ、といいたかったのであろう。

さらには、その宗茂が孤城を守り、島津氏の全九州制覇を阻止した。その九州を自分は手に入れたのだ、という事実を、宗茂の存在を使って表現し、宣言したかったに違いない。

――九州における、好敵手の不在。

宗茂の不運は一面、九州における覇権争いが、武田信玄対上杉謙信のように、横綱相撲のがっぷり四つに組むような、好敵手同士が雌雄を決する形で現われなかったことをも意味していた。

二度の蒙古襲来以来、鎌倉幕府によって喧嘩の強い侍を意図的に、全国から集め移住させた九州――この日本一レベルの高い、群雄割拠する地域には、不思議と英雄豪傑の出現に時間差があった。

まるで〝三国志〟だった戦国九州

戦国時代、最初に九州統一に挑んだのは、宗茂の旧主である大友義統《よしむね》(一時、秀吉の下で吉統《よしむね》を名乗る)の父・宗麟(諱《いみな》は義鎮《よししげ》)であった。

余談ながら宗茂の最初の諱「統虎」の「統」は、主君義統に由来している。宗茂の実父・高橋紹運の諱「鎮種《しげたね》」は、宗麟の「鎮」をいただいたもの。養父・戸次(立花)道雪の諱「鑑連《あきつら》」も、宗麟の父・義鑑《よしあき》の「鑑」に由来している。

これで三人が年齢的に、主家三代に対応していたことが知れよう。

それはさておき、九州制覇に王手をかけた大友宗麟(当主は次代の義統)に停止《ストップ》をかけたのが、島津義久《よしひさ》―義弘《よしひろ》兄弟であり、天正六年(一五七八)十一月の耳川の合戦で、まさかの大敗を喫した大友軍に、入れ替わるようにして島津義久は、一気に九州統一へと驀進する。

この両者交替の途次《タイムラグ》に、ふいに勃興したのが龍造寺隆信《りゅうぞうじたかのぶ》であった。

この人物は瓦解《がかい》しつつある宗麟の勢力圏に分け入り、島津勢とも和戦両構えで勢力を拡大することに成功した。

一時期、九州はまさに〝三国鼎立《ていりつ》〟の時代を迎えていたのである。

ところがその〝台風の眼〟の隆信が、天正十二年三月二十四日、島津家久《いえひさ》(義久・義弘の弟）・有馬晴信《ありまはるのぶ》の連合軍に敗れ、戦死するという偶発《ハプニング》が起き、島津氏の九州統一がにわかに現実性《リアリティ》を帯びる。

このとき宗麟は、わずかに残った自らの領土である豊後の一部と、耳川の大敗以前から筑後（現・福岡県南西部）の前線を死守している高橋紹運―立花宗茂父子を救うべく、関白秀吉のもとに助けを求めた（この時点で、宗茂の養父・戸次道雪は病没している）。

宗麟が秀吉をひそかに大坂城へ訪ねたのが、天正十四年の四月。前年の十月、秀吉は島津氏に九州における戦闘行為の停止を命じていたが、島津氏はこれを無視。それでいて秀吉には、すぐには九州征伐にむかえない事情があった。徳川家康の存在である。

宗麟が秀吉と会った翌月、その家康は秀吉の妹を娶《めと》って、秀吉の義弟となった。八月、秀吉は黒田官兵衛・毛利輝元らをまずは、先発軍として九州へ出陣させ、十月には自らの実母を人質として家康の岡崎城へ送り、ようやく家康を大坂城に呼び出して、臣下の礼をとらせることに成功する。

後顧の憂いなく、秀吉が九州征伐に大坂を出陣したのが天正十五年の三月であり、島津氏が秀吉に降伏するのが五月のこと。この間、宗茂は孤城・立花城を守り抜いていた（父・紹運は前年七月二十七日に壮絶な玉砕を遂げている）。

写真２　立花城の石垣跡（福岡県新宮町、久山町、福岡市東区にまたがる。柳川市観光課提供）

九州制覇に王手のかかった島津氏の、完全支配を阻止した象徴が、秀吉のいう「その忠義、鎮西一《ちんぜいいち》。その剛勇、また鎮西一」と激賞された宗茂だったといえる。

つまり、この〝西国無双〟は〝九州三国志〟の圧巻《ハイライト》、取り（真打ち）でもあった。

だからこそ秀吉は、宗茂を持ち上げつつ、その実は、その彼を直臣とする自分こそが、真の九州の支配者、ひいては天下人なのだ、ということを、言外にいいたかったわけだ。

この章では、宗茂登場の背景――九州の戦国の状況を、流れにそって「大友宗麟」「島津義弘」「龍造寺隆信」の順でみていきたい。

九州はハイレベルな群雄が割拠する、それこそ龍がのたうつように渦《うず》を巻いていた。

〝鎮西一の覇王〟

戦国時代の九州で最初に、〝鎮西（九州）一の覇王〟と謳われたのが、大友義鎮、号して宗麟であった。

最盛期、彼は豊後を中心に、豊前《ぶぜん》（現・福岡県東部と大分県北部）、筑前、筑後、肥前《ひぜん》（現・佐賀県と長崎県の大半）、肥後（現・熊本県）の六ヵ国を統治している。属城は、二百七十四に及んだ。

『豊薩軍記《ほうさつぐんき》』（長林樵隠《ながばやししょういん》著）に拠れば、戦国期初頭、異国の商船は筑前博多の湊につけていたが、宗麟の治世＝永禄二年（一五五九）の秋からは、ポルトガル船誘致の成功により、豊後の府＝府内（現・大分県大分市）につくようになったという。遠近の商人が集い、人馬が常に雑踏に迷い、ここは京や上方に劣らぬ賑わいを呈した。

一方で宗麟は、鎌倉時代初期の初代能直《よしなお》から、二十二代四百年の伝統をもつ、九州屈指の名家の御曹司＝名門・大友氏の二十一代当主でもあった。

もし、たった一つ――キリスト教への過分な帰依《きえ》さえなければ、彼は全九州を制覇し、中国地方へと領土を拡げ、西日本ぐらいは楽々と平らげていたかもしれない。

宗麟はそれを可能にする、優れた才覚と力量があった。

彼の父・大友義鑑は、豊後と肥後の一部に〝武〟を張る守護大名ではあったが、どちらかといえば直情径行《けいこう》の人物であった。そのため、享禄三年（一五三〇）正月三日に宗麟（幼名・塩法師丸《しおほうしまる》、のち新太郎）が生まれ、育つにしたがい、その聡明な英智と武芸達者の、文武兼備の素養を見せる嗣子に、どうやらこの父は反感を持ち、嫉妬したようだ。

『大友記《おおともき》』（著者不詳　大友宗麟・義統の時代を中心にした俗史）に拠れば、宗麟も父に似て直情型の人であり、気が荒かったという。武芸の稽古で家臣に怪我を負わせ、馬術では手綱《たづな》のとり方も知らぬうちから悍馬《かんば》に乗ろうとしたりした。

神仏を敬わず、鷹狩《たかがり》、山狩《やまがり》、領民の迷惑を考えずに行動をおこし、宗麟は少しでも気にいらぬことがあれば、すぐに家臣を手討ちにしたという。

少年時代からの粗暴に加え、酒色に溺れ、家来の妻に横恋慕《よこれんぼ》し、奪い、治政をかえりみなかったともいわれている。もし事実なら、家臣との折り合いもよくなかったろう。

あるとき、臼杵鑑続《うすきあきつぐ》、吉弘鑑直《よしひろあきなお》（のち鑑理《あきただ》＝あきまさ、とも。宗茂の祖父で高橋紹運の父）、田北鑑生《たきたあきなり》、吉岡長増《よしおかながます》（号して宗歓《そうかん》）、小原鑑元《おばらあきもと》の五家老が連署でもって、宗麟の過失七ヵ条を挙げて諫めたことがあった。

さぞや激して、五家老に斬りかかるかと思われた宗麟だったが、彼は自らの至らなさを反省し、諌めてくれた五人の忠義に深く感謝したという。

諌《いさめ》の条々を傍《かたわら》の壁に書して、旦餔《たんほ》（朝夕）にこれを見るべし。一は爾曹《なんじ》の忠誠を奨《すす》むる所なり、二は我が過失を匿《かく》さざるところなり。三は諸臣士の善言を啓《ひら》くところなり。

（『武将感状記』）

壁に書いて朝夕読み、己れの反省材料にしたという。

〝大友二階崩れ〟の変が、戦国屈指の名将を出現させた

その生涯を見ていくと、宗麟は何事であれ一つのことに熱中すると、他が見えなくなり、自分自身をも制御できなくなる性格の人であったようだ。そのため、ある時期はこの上なく賢明であるかと思うと、ふいに質《たち》のよくない暗愚の君となった。実に、不思議な人である。

父・義鑑にうとまれた、というのもわからなくはない。

加えて、宗麟の義母（義鑑の後妻）や謀臣の年寄（家老）・入田《にゅうた》親廉《ちかかど》—親誠《ちかざね》父子の薦めもあって、義鑑は三男の塩市丸《しおいちまる》を溺愛することになる。

天文十九年（一五五〇）二月、義鑑は入田親廉を除く、ときの四人の年寄（家老）を城中に招き、三男・塩市丸への家督相続に賛同するよう説得したが、うまくいかない。そこで義鑑は斎藤長実《さいとうながざね》、小佐井大和守《こさいやまとのかみ》（諱は鑑直《あきなお》とも）を上意討ちにした。このあたり、戦国らしい。

ところがその主君義鑑も、一か八かの逆襲に出た残る二人――津久見美作守（諱は不詳）、田口新蔵人《しんくらんど》（諱は鑑親《あきちか》とも）によって大傷を負い、十一ヵ条の遺言を残して二日後、死去してしまう。これを世上では、〝大友《おおとも》二《に》階崩《かいくず》れの変《へん》〟という。

この変のおり宗麟は、豊後府内から西北三里（約十二キロ）の別府（現・大分県別府市）へ、腫物《はれもの》治療のため湯治に出かけていて、事変に巻き込まれることを免れたのだが、この智謀の人は存外、父の心中を読んでいたようにも思われる。

一夜が明けると、別府の宗麟のもとに、すでに名将の誉れの高かった戸次鑑連（道雪・詳しくは次章）が、手勢を引き連れて真っ先に到着した。彼がのちに、宗茂の養父となることは、すでにふれている。つづいて、吉弘鑑直（のち鑑理、前出）、斎藤鎮実《しげざね》（長実の息子、この人の娘あるいは妹が宗茂の母となる）、角隈石宗《つのくませきそう》（大友家の軍師）、吉岡長増、田北鑑重《あきしげ》（号して紹鉄《しょうてつ》・鑑生の弟）ら大友家の錚々《そうそう》たる諸将が時を移さず集結した。

また翌十二日には、豊後栂牟礼城《とがむれ》（現・大分県佐伯市弥生）の佐伯惟教《さいきこれのり》が、軍勢数百を指揮して府内に到着している。いずれも、最強大友軍団を支える兵《つわもの》たちであった。

この時点で宗茂の父方、母方の祖父が揃って、宗麟擁立派であったことは興味深い。彼らはこぞって宗麟に、大友氏繁栄の未来を託したといえよう。

宗麟は並み居る重臣たちをしたがえ、卒去《そっきょ》直前の父から、家督相続の承認をとりつけ、太守就任の儀式を行った。

十年前、宗麟は室町幕府十三代将軍・足利義藤《よしふじ》（のち義輝《よしてる》）の允許《いんきょ》（許し）も受け、名を塩法師丸から「義鎮」へと改めていた。

当主となった彼は、内政の整備、外地支配を積極的に推し進め、外戦では肥後の菊池義武《きくちよしたけ》（もと肥後守護職《しき》・宗麟の叔父）を、まずは降《くだ》している。このおりの大友家にとっての大敵は、周防山口（現・山口県山口市）に本拠を持つ、大内義隆《おおうちよしたか》であったといってよい。

蛇足ながら、宗麟の母は伏見宮貞常《ふしみのみやさだつね》親王の息女とされているが、貞常親王は宗麟の父・義鑑が生まれる二十八年前に薨去《こうきょ》している。二十八歳以上も年上の妻は考えにくい。

一方、別説の坊城《ぼうじょう》藤原氏の娘説が妥当と思われる。大内家の記録では、義鑑の正室を義隆の姉としていた。おそらく、こちらは二度目の正室（継室《けいしつ》）であり、宗麟の弟・晴英《はるひで》（はるふさ、とも　のち大内義長《よしなが》）を産んでほどなく死去したようだ。先の塩市丸の母は、三人目の正室（継室）となろうか。

〝鎮西一の覇王〟「瑞峯宗麟」と号す

さて、大内氏である。室町時代を通じて対外貿易により、巨万の富を蓄え、それを背景に筑前、豊前を侵し、中国地方も含めて実質七ヵ国をも領有していた。

豊後侵略について大内氏は、先代義鑑の代に和睦を果たしたものの、依然として虎視眈々《こしたんたん》と進攻の糸口、口実を求めていた。ところがその大内義隆が、あろうことか重臣・陶隆房《すえたかふさ》（のち晴賢《はるかた》）に弑逆《しいぎゃく》される事件が勃発する。宗麟は隆房と、不可侵条約を締結した。

大内氏の名跡《みょうせき》を弟・晴英が襲うことになり、天文二十二年（一五五三）春、晴英は「大内義長」と名乗ることになる。なお、このおりに晴英について周防山口入りしたのが、高橋鑑《あき》種《たね》（紹運が名跡を継ぐ高橋家の先代当主）であった（詳しくは次章）。

――東からの脅威が去った宗麟は、次に肥前国の獲得に動いた。

先代のときから忠誠を誓う、国衆《くにしゅう》（土着の豪族）を統轄する一方で、外交僧・勝光寺光《しょうこうじこう》秀《しゅう》を京の将軍義藤のもとに派遣し、守護職獲得＝大義名分を得るための運動を展開させている。天文二十三年八月十六日、ついに宗麟は念願の「肥後守護職」を拝命する。

ところが、飾りの主君・義長を迎えた陶晴賢が、弘治元年（一五五五）秋、臣下の毛利元就により、安芸（現・広島県西部）の厳島《いつくしま》で討たれ、二年後には、義長が長府（現・山口県下関市）の長福寺《ちょうふくじ》（のちの曹洞宗功山寺《こうざんじ》）で自害して果てる事態が訪れる。

宗麟は急遽、勇猛にして節操ある麾下の部将、吉弘鑑理、戸次鑑連、吉岡宗歓、田北鑑重らを筑前に派遣すると、筑前古処山城《こしょさんじょう》（現・福岡県朝倉市）に秋月文種《あきづきふみたね》（種方《たねかた》）を討ち、筑紫惟門《つくしこれかど》（広門《ひろかど》の父）を降した。他方、宗麟は自身で一万二千を率いて豊前に出陣すると、龍王《りゅうおう》城（現・大分県宇佐市）を落とし、ここに布陣して宇佐郡《うさごおり》（現・大分県宇佐市）三十六人衆を服従させ、西豊前を順次、征討していく。

合戦に熱中するときの宗麟は、鬼謀神算《きぼうしんさん》（人知の及ばないほど巧みな策略）が湧き出るようであった。皮肉なことに、毛利の攻勢のゆえに、やる気になった宗麟の北九州支配はほどなく成り、豊前、筑前、筑後の守護職を新たに獲得した彼は、都合六ヵ国を制することとなった。慶事は、つづく——。

併せて、「九州探題《たんだい》」を手中にした宗麟は、前後して長子義統も得ている。翌年には、大友家に前例のなかった「左衛門督《さえもんのかみ》」の官位が下された。桐紋の使用が、将軍家から許されたのもこのときのこと。宗麟は名実ともに、〝鎮西一の覇王〟となった。

その中心である豊後の繁栄はめざましく、このころ、府内の人口は七万とも八万とも称されている。臨済宗に凝った覇王は、剃髪《ていはつ》して新たに「瑞峯宗麟《ずいほう》」と号し、丹生島城《にうじま》（現・大分県臼杵市）を築く（のちの臼杵城）。

ときに永禄五年（一五六二）、宗麟はまだ三十三歳であった。

鎮西六ヵ国の覇王

しかし、乱世は宿敵を生む。剛勇《ごうゆう》無双を謳われた〝肥前の熊〟こと、肥前の佐嘉《さが》（佐賀）城主・龍造寺隆信が、九州の西に勢威を増大し、中国を平定した毛利氏と結んで、大友氏に挑んでくる（隆信については後述する）。

戦いは九州四ヵ国を狭しと争われたが、毛利・龍造寺連合軍の兵力は強大で、なかでも永禄十二年（一五六九）五月、毛利元就が自ら五万の軍勢を率いて、筑前門司《もじ》（現・福岡県北九州市門司区）に進出して来ると、さしもの宗麟も劣勢に立たされた。

彼は毛利氏に敵対する尼子《あまこ》氏の旧臣たちの旗揚げに協力。一方で、大内家の遺族である輝《てる》弘《ひろ》にも軍資金を与え、周防へ渡らせる計略を講じ、さらに、五十艘《そう》からなる軍船を合尾浦《あいおうら》

（現・山口県山口市秋穂《あいお》地区）の沖合いに待機させて、中国と九州の連絡を遮断《しゃだん》する挙に出た。

十月、突如《とつじょ》として尼子晴久《はるひさ》の家臣・山中鹿介《しかのすけ》が、毛利氏を攻めるべく出雲（現・島根県東部）、伯耆《ほうき》（現・鳥取県西部）の軍勢を率い、毛利氏配下の出雲・石見（現・島根県西部）を背後から衝《つ》いた。さしもの元就も、これには慌てたとみえて、ただちに九州に展開していた自軍を、小倉表《こくらおもて》まで撤退させている。

機を逸せず大友軍は、猛烈な追撃戦を敢行。毛利氏の首級三千五百をあげる大勝利を得た。

当時、天下一の謀略家と称された元就が、その得意とする陰謀で、宗麟に敗れた歴史的一幕でもあった。再び九州六ヵ国を支配下に収めた宗麟は、攻めて来る毛利軍を迎撃潰滅させて、本州へ傾《なだ》れ込む――そう計画したのだが、元亀二年（一五七一）六月、その肝心な宿敵元就があっけなく、七十五歳の生涯を閉じてしまう。

二ヵ月後、元就の後継（孫）の毛利輝元は、尼子勝久の出雲新山城を陥している。

ちなみに、この年の七月、戸次道雪は筑前立花城に入っていた（宗茂は三歳である。詳細は次章）。目を東に転ずれば、九月に信長が比叡山延暦寺を焼き打ちしていた。

いずれにせよ、はからずも宗麟にとっては、自らの全盛期が出現したことになる。

九州はひとまず干戈《かんか》静まって、大友家の威勢、火の燃ゆるが如く、泉の湧くが如し。豊府の繁栄、古《いにしえ》に十倍し、商屋軒をならべ、府に近き浦々には商船幾千万という数を知らず。(『西国盛衰記』)

ここまでに、大友宗麟の大きな失敗は見出せない。みごと、としかいいようのない戦いぶり、出処進退であったが、人間はどうにも、好事魔多《こうじまおお》し。

キリシタン改宗した宗麟

元就の死後七年目の天正六年(一五七八)七月、宗麟は自らがキリスト教の洗礼を受け、霊名《れいめい》をドン・フランシスコと称した。

その前年の十月、織田家中国方面軍を率いる羽柴(のち豊臣)秀吉が、播磨(現・兵庫県南西部)へ出陣している。毛利氏の眼は、九州から畿内へとむけられた。

東からの脅威が去った安心感が、宗麟をキリシタン信仰にむかわせたのかもしれない。彼が宣教師フランシスコ・ザビエルと最初に会ったのは、家督相続の翌年、齢二十二の時であった。説法を聞き、布教を許し、自らも機会あらば入信したい、と宗麟はいったという。

おかげで豊後府内は、キリスト教の根拠地となり、学校や病院、孤児院などもできた。が、宗麟が受洗したのは、それから二十七年目のことであった。

――宗麟は一面、文化人、あるいは社会事業家としての顔も持ち合わせていた。

南蛮への傾倒は、当初は貿易上の利益を、のちにはキリストの救いを求めてのものと見られがちであるが、彼は南蛮文化そのものへの憧憬《どうけい》と理解も深かったのである。

宗麟の祖父・義長が家訓に、「歌道《かどう》（和歌）・蹴鞠《けまり》をおろそかにせぬこと」と遺したことからもわかるように、大友氏の本拠・豊後府内は、大内氏の周防山口と並び、京都を逃れた文化人たちが集まる土地柄でもあった。

少年期は芸道にあまり興味を抱かなかった宗麟だが、家督相続後は芸術の保護にも力を入れている。加えて、文化都市・博多を支配下に置いてからは、さらにその傾向が強まった。

宗麟は十五歳の時から蹴鞠をはじめ、三十歳の時には十三代将軍・足利義輝から達人の称号である「上足《じょうそく》」を与えられ、「香之上《こうじょう》」（毬水干《まりずいかん》という蹴鞠用の衣装）という装束の着用を許されている。茶道においては、秀吉に仕えた千利休《せんのりきゅう》がのちに、「なかなかの数奇者《すきもの》」と認めるほどであり、博多商人との関係《コネクション》を通じて、さまざまな名物も手に入れていた。

このうち、現存する「新田肩衝《にったかたつき》」は〝天下三肩衝〟の一つとされ、茨城県水戸市の徳川ミユージアムで見ることができる。元亀二年（一五七一）には、すでに高名だった画家の狩野永徳《えいとく》を府内に招き、臼杵城の障壁画を描かせてもいた。

もちろん、国内の芸術を愛好しただけではなかった。南蛮からの輸入品にも武器だけではなく、陶磁器などの工芸・芸術品が、大量に含まれていたようだ。

また、宗麟は社会事業家としての顔も、持ち合わせていた。

ポルトガル商人アルメイダによる病院の建設を支援するなど、南蛮の医術にも理解を示した宗麟だが、そのきっかけとなったのは、若い頃に弟の、銃の暴発によるケガを、南蛮人医師が見事に治療してみせたことにあった、といわれている。

アルメイダが、豊後の風土病とされていたらい病（ハンセン病）の、患者のための診療所を建てたい、と申し出た時には、宗麟は瞬時に「ならば、わが館の横に建てよ」と命じて、キリシタン信者たちを感激させてもいた。

大友家の衰運は吉弘鑑理の死が原因？

南蛮文化や社会事業はいいのだが、問題は禅宗からキリシタンへの転教――その時期と、宗麟の烈々たる覇気の消失が重大なことであった。

いままさに、全九州平定＝制覇へむけて、邁進しなければならない時に宗麟は、突然、ブレーキを踏んだことになる。しかもこの間に、一族の内で乱れていた島津氏が、薩摩《さつま》（現・鹿児島県西部）・大隅《おおすみ》（現・鹿児島県東部）の領国支配を固めつつあった、というのに――。

この大友軍団に比肩し得る強兵島津氏の勢力を、結果として、強固になる前に分断、攻略しなかったツケが、やがて手痛い形で宗麟、ひいては紹運―宗茂父子にも回って来る。

宗麟の覇者から信仰者への転身を考えるとき、筆者は吉弘鑑理の死が大きかったように思えてならない。鑑理は戸次道雪の先輩でもあった。

吉弘鑑理は太郎、鑑直と称し、天文末年頃から宗麟の中次職《なかつぎしょく》にあり、弘治三年（一五五七）十一月からは加判衆をつとめ、吉岡長増・臼杵鑑速とともに〝豊後の三老〟と敬称され、宗麟の発展期を補佐し続けた。

ほとんど戦場へ出ない主君にかわって、鑑理は大友軍団を常勝軍に育て、自らがこれを率い、天文三年（一五三四）四月には、父・氏直《うじなお》と共に勢場《せいば》ヶ原《がはら》（現・大分県杵築市）で大内勢と戦い、これを撃退。弘治二年（一五五六）には肥後駐在の小原鑑元の謀叛を討伐。同四年には秋月文種（種実《たねざね》の父）と戦って、勝利している。永禄期（一五五八～七〇）に入っても、毛利氏の筑前侵入を阻止すべく、転戦につぐ転戦を戦い抜いていた。

次章で詳しくみる立花鑑載《あきとし》・高橋鑑種《あきたね》、さらには筑前高祖《たかす》城主の原田親種《ちかたね》（信種《のぶたね》の義兄弟・異説あり）らの叛逆をも鎮圧。永禄十二年五月の、博多・多々良浜《たたらはま》での決戦――小早川《こばやかわ》隆景《たかかげ》（毛利元就の三男）ら毛利軍との戦いでも、筑前派遣軍の総大将をつとめ、みごとに勝利をかざっている。

忠義一徹の武人で、おそらく宗麟が道雪に先んじて、最もたよりとしていたであろう鑑理が、元亀二年（一五七一）頃に死去してしまう。宗麟の落胆は大きかったはずだ。

彼が全九州制覇への積極性を欠いたのは、拡大する大友軍団の指揮を、大まかにまかせられる優れた将帥が、幕下に少しずつ欠けていったことも考えられなくはない。

かねて大友氏と同盟関係にあった日向佐土原《ひゅうがさどわら》（現・宮崎県宮崎市）の伊東義祐《いとうよしすけ》は、団結なった島津氏に一敗地にまみれ、大友家の新当主となっていた義統に救いを求めてきた。

大友家の心ある部将たちは、島津氏の三国平定、さらには北進を憂慮しており、義統に即座の出兵を提案。大友六万の軍勢が、日向へ進発することとなる。

天正六年（一五七八）二月――西国一ともいわれた大友軍は、吉弘鑑理がいなくとも、さすがに強かった。勢威凄まじく突進、日向の十七城は瞬時にして降伏。島津氏に内通していた延岡《のべおか》（現・宮崎県延岡市）の土持親成《つちもちちかしげ》などが、成敗されている。

九州三国志の転機《ターニングポイント》、まさかの敗戦

ところが、隠居していたはずの宗麟が、この戦勝の報に接するや、己れの妻子や宣教師を伴って海路、日向にやって来たのである。しかも、軍船には十字架の旗を掲げ、家臣たちに数珠《じゅず》と影像《えいぞう》を奉じさせて。

そして宗麟は、理想郷＝キリシタン王国の建設を計画し、その心中を忖度《そんたく》した人々は、神社仏閣を破壊。その陣中には、ポルトガルから手に入れた大砲「国崩《くにくずし》」まで持参していた。

宗麟はもちろん、敵国を破壊するという意味で命名したのだが、大友の将兵たちは、

「不吉な名だ、わが国を崩すというに通《かよ》う」

と、互いに眉をひそめる者も少なくなかった。強気の宗麟は、島津軍の日向侵攻最後の拠点・高城《たかじょう》（現・宮崎県児湯《こゆ》郡木城町《きじょうちょう》）を包囲、強襲することを命じた。

連戦連勝であった大友軍は、宗麟の出現によって、にわかに士気が低下する。

なにしろ宗麟は、信仰厚い神社に「矢一筋《ひとすじ》奉れ」と足軽二、三百人に社殿へ向かって弓・鉄砲の矢玉をそそがせたり、道のぬかるんでいるところに、神社仏閣のご神体や仏像を並べて敷かせ、その上を歩いて踏みにじったりするという、前代未聞の悪行＝異教征伐をやりな

から現われたのであるから。

大友軍の将兵の多くは、いまだ中世の迷信社会に棲んでいた。

彼らは心底、神仏の冥罰《みょうばつ》を恐れたが、そこへ島津本隊の義久軍が大挙して押し寄せて来たのである。本来ならば、崩れそうになっても持ち堪える大友軍の気力が、少し旗色が悪くなると神仏の祟りを思い、恐怖がつのって、いつもの踏ん張りがきかない。

瞬時にして、まさかの敗走となってしまった。

現在の宮崎県日向市で戦われた耳川の合戦では、大友軍は三千とも二万ともいわれる戦死者を出し、宗麟の治世このかた、昇天の勢いであった同軍は、最初にして最後の決定的な大敗を喫してしまう。天正六年十一月——このおり戸次道雪、高橋紹運の二人は、筑後の備えについており、不参であった（宗茂は十二歳、無論のこと不参）。

しかし、この一戦で幾多の名将、勇猛の将士が戦死したため、大いに威望を失墜した大友家は、これまで服従してきた諸々の城主や国人・土豪たちに、キリスト教への反抗心もあって、手のひらを瞬時にして返させ、大挙、叛旗を翻《ひるがえ》させることになる。

大友家は一瞬にして、六ヵ国のうち五ヵ国を失い、最後の拠《よ》り所の豊後においてすら、離反者を出す有様となった。この最悪の状況下——大友王国の領土を狙って、東進する龍造寺と、北進を続ける島津の軍勢が、肥後、筑後をめぐって、にわかに抗争をはじめる。

――ここで、しばしの〝時間のずれ《タイムラグ》〟が訪れる。

宗麟は、秀吉に直訴する外交戦術に打って出た。すでに全国平定に王手をかけ、宗麟が拝謁した九ヵ月後には「豊臣」の姓を朝廷より授けられる秀吉は、関白として戦闘行為の停止を命じたにもかかわらず、いうことを聞かない島津氏を懲罰すべく、九州征伐へ――。

彼が大坂を発したのが、天正十五年三月のことであった。

この間、〝三国志〟の一方の雄・龍造寺隆信は、天正十二年に興隆する島津氏と沖田畷《おきたなわて》（現・長崎県島原市北門町）の合戦を戦い、これまた〝まさか〟の戦死を遂げてしまう（詳しくは後述）。

宗麟の宗茂への置き土産

脱線を少し続けたい。前述の天正十四年（一五八六）四月、ひそかに大坂城を訪れた宗麟に、秀吉が面接した場面に、筆者はこれまでも注目してきた。

このおり、すでに亡くなっていた戸次道雪（天正十三年九月十一日）を除く、高橋紹運・立花宗茂の父子が、秀吉の直臣になることが決まったとされる場面である。

秀吉は大坂城内の黄金づくりの茶室で、宗麟に茶をふるまった。この広さ三畳じきの組立式茶室は、後陽成《ごようぜい》天皇（第百七代）の接待にも活躍している。

あるいはこの茶室で宗麟が秀吉に、

「あの二人は忠誠無二の者であり、拙者同様にご家人となし賜わりますように――」

といい、承諾した秀吉が朱印状をくだしたと『高橋記』（『高橋紹運記』『九州兵乱記』『立花家之記』とも）にある。紹運―宗茂父子にとって、終始、頼りない主人であった宗麟だが、最後になってようやく、二人に報いてやりたい、と思ったのかもしれない。

あるいは、すでにこの世にない吉弘鑑理の、至誠を絵に描いたような見事な忠烈なる生涯に、宗麟が思いをはせたのかもしれない。

否《いな》、孤立無援の苦境の中にありながら、どこまでも武名を貴び、律義さ、忠誠無二を発揮、実践する父子の存在をすでに秀吉は知っていて、彼の方から二人を直臣に所望したようにも思われる。筆者としては、前者であってくれれば、と祈るばかりである。

さて天正十五年、紹運―宗茂父子が島津の大軍に立ち向かっている頃、秀吉の出馬を待つ豊後も、島津勢の猛攻に晒《さら》されていた。が、臼杵湾に浮かぶ七島の一《いっ》・丹生島城に立《た》て籠《こも》った宗麟は、なおも抵抗を続け、わずかにこの地域だけは守り抜く。

秀吉の九州征討により、豊後本国は大友義統に、日向は宗麟に安堵《あんど》された（宗麟は日向を辞退する）。彼はそれらを見届けるかのように、静かに息を引きとった。享年は五十八である。もっとも、先の日向領有については、宗麟が辞退したのではなく、彼の死後、秀吉が大友家の後継義統の人物をみて、考え直し、豊後一国のみを与え、日向は九州征伐に協力した秋月種実、種実の次男である高橋元種《もとたね》、伊東祐兵《すけたけ》（すけたか、とも。義祐の三男）に分封された、との説もあった。

ふと、思う。もしも宗麟がキリシタンに改宗しなければ、その前の禅宗に凝ったままであったなら、さて九州の、否、日本の戦国はその後、どうなっていたであろうか。

いずれにせよ、先にみた耳川の合戦が大友氏と島津氏によって戦われる事態、局面がくれば、その勝者こそが、九州のその後を決したことは間違いあるまい。

“戦の玄人”島津義弘を創ったもの

性格にむらのある大友宗麟が、ある種ひらめき型の大将であるならば、島津家の当主・義久はどこまでも生真面目で律儀なまでに誠実、懸命に当主をつとめた印象を受ける。

この義久にかわって島津軍を束ね、実戦に臨んだのが実弟の義弘であった。

日本の戦国時代を通して、最も戦のうまかった武将を一人あげるならば、筆者は島津義弘を推す。職人の世界に〝名人〟というのがいるが、義弘はまさに戦の〝玄人《くろうと》〟〝名人〟といってよかった。

大友宗麟より五歳年下の、天文四年（一五三五）七月二十三日に生まれた義弘は、父・島津貴久《たかひさ》の南九州——薩摩・大隅・日向南部——領国化の中で成長し、血塗《ちみどろ》（血まみれ）の戦渦《かせん》の中で一廉《ひとかど》の武将と成った（宗茂よりは三十二歳の年上となる）。

十九歳の時、大隅合戦の激戦地・岩剣《いわつるぎ》城（現・鹿児島県始良《あいら》市平松《しひらまつ》）の戦いで華々しい初陣を飾った義弘は、日向勢を相手に二十五歳から、つづいて三十一歳からは島津家全軍の指揮者として、国内外に幾つも合戦を戦い、そして堂々と生き抜いている。

多くの場合、小勢《こぜい》をもって大軍に当たり、自らが戦死を覚悟する局面にも度々遭遇しながら、不思議とその都度、難局を切り拓いて生き残った。

「開闢《かいびゃく》以来、比類無《ひるいな》き次第」

と、自らが八十を越えた慶長十九年（一六一四）頃に、『惟新公御自記《いしんこうおんじき》』を執筆したおり、義弘は述べているが、この自伝は己れの武功を誇るために書き記されたものではなかった。

「予《よ》、辱《かたじけな》くも義久公《こう》の舎弟《しゃてい》となり」

と同書にある如く、父から守護を譲られた兄を終生、敬う姿勢を崩さなかったことを、むしろ語り残したかったような口吻《こうふん》を感じる。

すべては、義久・義弘の祖父である忠良《ただよし》（日新斎《じっしんさい》と号す）の薫陶によるものであった。島津氏＝薩摩隼人といえば、獰猛《どうもう》なまでの勇猛果敢さばかりが目に映るが、一方においては実に仏心に対する敬虔《けいけん》さをもっていた。それを創りあげたのが、忠良である。

義久・義弘兄弟は常々、この祖父を敬慕していた。

忠良は武人としても、軍略・兵法にすぐれた武将であったが、一方において彼は好学の人でもあった。いわゆる〝日新学《じっしんがく》〟と呼ばれる薩摩島津家独特の士風を創造。その結論として、彼は敵と味方を同仁視《どうじんし》する博愛の精神と、慈悲の重要性を説いたところに特徴があった。

――その結晶が、「いろは歌」ではなかったろうか。

兵農未分離のこの時代、武士の守るべき道を三十一文字に託して、何度も口ずさんで覚えることによって、忠良は実践への道が開けると考えた。

思慮し、工夫して改訂を重ねた「いろは歌」を、彼は家老の春成《はるなり》兵庫介久正《ひさまさ》に持たせ、京都の連歌師の棟梁＝〝花《はな》の本《もと》〟（連歌の最高権威者たる宗匠の称号）の、宗養《そうよう》（無為《むい》・半松《はんしょう》斎《さい》）のもとへ派遣している。批評してもらうために、である。

すると宗養は、そのあまりの出来栄えに驚嘆し、これを近衛稙家《このえたねいえ》（もと関白・太政大臣）に見せた。当初、稙家は薩摩のような遠い地方の田舎者が創ったものが、それほど面白いはずはない、と高を括《くく》っていたようだ。ところが一首目、

いにしへの道を聞《きき》ても唱《とな》へても　わが行《をこな》ひにせずは甲斐なし

これを一読して感心した彼は、衣冠を改めて、四十七首を熟読したという。

忠良＝日新斎は自らが三ヵ国統一の過程で、博愛慈悲の精神を具体的に発揮し、六地蔵塔を建て、敵味方の別なく戦没した人々を供養しつつ、島津家の後継者と家臣団に生きる規範を教え残したが、自身はその強化の対象をとりわけ、孫たちにしぼった印象を受ける。

日新斎が創った薩摩士魂

天文十九年（一五五〇）に鹿児島へ移るまでの間、義久―義弘兄弟はしばしば伊集院《いじゅういん》（現・鹿児島県日置市伊集院町）から加世田《かせだ》に呼ばれ、祖父に直接、文武を学んだ。合戦での武将としてのあり方、弓馬術、徹底した心身の鍛錬に加え、中国の古典による兵学、将兵の

あしらい方——云々。

しかも忠良は、嗣子である義久に家督者の責務を、義弘には兄に従って実戦で総指揮をとる者のあり方について、各々《おのおの》、区別をして教えた形跡がある。このことがのちの、義久と義弘の確執《かくしつ》を生むことになった、と筆者は見ている。

ついでながら、義弘が率いた精強《せいきょう》無比《むひ》の軍団を育成した根幹も、世に隠れた天才戦術家・忠良の功績であった。彼は、孫の義弘に小よく大を制する戦法を授け、急襲、城攻めの極意、囮《おとり》をつかう伏兵の使い方などを具体的に教え、事前の入念な情報収集と分析、戦況の冷静な読み方、合戦の見通しなどを伝授する一方で、義弘が実際に活用することになる戦術をも生み出し、根づかせていた。

宗茂に置き替えれば、初等教育にあたった紹運、より具体的な戦略・戦術を教授した道雪——この二人の父の役割を、義弘の場合、いわば忠良が一人で担ったようなもの。

なにしろ忠良は、永禄十一年（一五六八）十二月十三日に七十七歳でこの世を去っている。義弘、三十四歳のときになる。孫は祖父の軍才をことごとく、吸収したことであろう。

島津家のお家芸となり、九州北上戦——それこそ龍造寺隆信を討ったのも、のちの朝鮮出兵、関ヶ原の戦いでも、その凄まじい威力を発揮した〝釣《つ》り野伏《のぶせ》りの計〟（伏兵と囮部隊を巧妙に組み合わせた必勝の戦法）も、忠良の発明であった。ほかにも、五人組、十人組の制度――連帯責任をおわせることで、卑怯者や臆病者が出ないように工夫――も、〝日新公〟忠良であった。

おかげで、生まれながらにして将器にめぐまれていた義弘は、日本最強ともいう鍛え抜かれた島津の武士団をもつことによって、九州でまずはその勇名を馳せることになる。

膨大な合戦の中で自らを磨き、高めた義弘は、天正六年（一五七八）十一月に九州の覇者・大友宗麟の大軍を、日向高城河原《がわら》に迎え撃ち、見事これを粉砕《ふんさい》した。先にふれた高城合戦――撤退戦をふくめれば耳川の合戦とも呼ばれる、一大決戦である。

無双の強敵たりといえども、宿運の窮《きわま》る所、為《せ》ん方《かた》無くて古川（耳川）に崩れ入り、人馬打重《うちかさな》り不測の渕を埋む。此《こ》の如く目ざましき儀は、言語に述べ難きものなり、数万の軍勢がわずかに二、三百人に討伐され、帰国せしむ。（『惟新公御自記』）

つづいて、天正九年八月の水俣《みなまた》の合戦では、肥後南部の相良義陽《さがらよしひ》を降参させ、これにより日向を領有し、薩摩・大隅を加えた三州の完全支配が成った。

蛇足ながら、義陽の家臣にタイ捨流《しゃりゅう》剣術の開祖となる丸目《まるめ》蔵人佐《くらんどのすけ》がいた。この剣豪こそが、宗茂の剣の師となる（詳しくは後述する）。

島津兄弟に立ち塞がった秀吉

さらに天正十二年（一五八四）三月、島原《しまばら》・沖田畷合戦では、肥前南部を主要とする龍造寺隆信を討ち取り（このおりの実戦の主将は、弟の家久）、義弘を大将とする島津軍は獅子奮《ししふん》迅《じん》の勢いで、全九州を席捲した。

——天正十四年末には、北九州と豊後のほんの一部——立花宗茂らとその主君・大友宗麟の抵抗——を残して、島津氏は九州統一の目標を、ほぼ達成したといってもよかった。

ところが、この時点でふいに、羽柴（この年、豊臣へ改姓）秀吉が現われた。

向こうは、全国統一を目指している。島津氏征討のために豊前に上陸した豊臣軍は、二十万を二手に分け、九州を南下。天正十五年四月十七日、義久・義弘、それに家久らの島津軍二万は、豊臣軍の先鋒・羽柴秀長《はしばひでなが》（秀吉の弟）に根白坂《ねじろざか》（現・宮崎県児湯郡木城町）で戦いを挑んだが、いかに巧緻な島津勢も、準備と物量に上まわる秀長軍には勝てなかった。

思えばこの時、矢面《やおもて》に立って秀吉に生命懸《が》けで降参したのが義弘であった。

天下統一を急ぐ秀吉は、当主の義久に島津氏本貫地《ほんがんち》の薩摩を、義弘に大隅、久保《ひさやす》（義弘の次男）に日向真幸院《まさきいん》（現・宮崎県南西部）を、それ以外にも一族の歳久《としひさ》・家久・以久《もちひさ》・時久《ときひさ》・忠辰《ただとき》、さらには筆頭家老の伊集院忠棟《ただむね》にも、各々、土地を細分化して与えた。いうまでもなく、島津氏を分断して、互いに牽制させようという秀吉の〝政治〟であった。

だが、このおりの島津氏に、秀吉の思惑を省みる余裕はなかった。何より軍制も、支配地の統治も、その手法が遅れていた。財政を明確化するには、耕地の測量、耕作者の確定、石高の再編＝検地が必要であったが、島津家ではこれらが未解決のままであった。

義弘はまず、豊臣政権の力を借りて、検地を支配地全体に及ぼそうと考えた。筆者はこのあたりから、兄・義久との確執が生じはじめたのではないか、と疑っている。義弘に他意はなかった。彼は自らが兄にとって代わろう、などという野心を露《つゆ》ほども持っていない。

しかし、豊臣政権を受け入れ、太閤検地で奉行の石田三成と親しく交わる義弘の姿は、義久にある種の疑念を抱かせたかもしれなかった。この最中に行われたのが、朝鮮出兵であった。一万五千の動員命令を受け、義弘は兄に代わって渡海した。

この戦域については、宗茂の活躍とともども第三章で詳しくみるが、宗茂が外征前半の功労者であれば、義弘は後半の日本軍の英雄であった。

慶長三年（一九五八）九月の、泗川《サチョン》の戦《たたか》いでは、明と朝鮮あわせて二十万の軍勢を、わずか一万足らずで迎撃。実に三万八千七百十七人の敵兵を討ち取って、その武名を天下に轟かせている。朝鮮半島では「鬼石曼子《グイシーマンズ》」と呼ばれ、敵方に鬼神の如くに恐れられもした。

十数万の日本軍が、無事に祖国へ帰りつけたのも、島津勢の勇戦――それを指揮した義弘の、沈着豪胆な采配によるところが大きかった。にもかかわらず、帰国後の島津家は、文禄四年（一五九五）に隠居した兄・義久と義弘の間に深い溝《みぞ》＝確執が生まれる。

原因は、徒労と浪費に終わった朝鮮出兵による、島津家の財政悪化であった。過剰となった家臣団の整理をめぐっても、家中は揺れた。

不運の関ヶ原参戦

関ヶ原の直前、一年前の慶長四年三月には、義弘の子で島津氏の家督を継いだ忠恒《ただつね》（のち家久）が、支族であり筆頭家老でもあった伊集院忠棟（幸侃《こうがん》）を斬り殺す事件が勃発する。これを受けて、忠棟の子・忠真《ただざね》を押し立てた勢力が、日向の都《みやこのじょう》城に決起した。

一応、和議が成立したとはいえ、関ヶ原の合戦の時点で、この問題はまだ、最終的な決着をみていない（慶長七年に、伊集院忠真以下が討滅されて終息する）。

この処理に忙殺され、中央の情報収集不足もあって、慶長五年四月に再度上方《かみがた》に登った義弘は、東軍と西軍の中で翻弄されることとなる。

当初、徳川家康率いる東軍に味方すべく、伏見城《ふしみじょう》（現・京都市伏見区）に入城を決めていた義弘は、これを留守居役《るすいやく》の徳川家の部将・鳥居元忠《とりいもとただ》に拒絶されてしまう。拒まれた以上、島津勢は西軍に付くしかなかったが、その西軍の義弘への扱いも、歴々の軍功を積んだ老将に対するものとしては、腹立たしいほどに軽々しいものであった。

夜襲を進言して無視され、関ヶ原の前哨戦ともいうべき岐阜城攻防戦と並行して進められた合渡川《ごうとがわ》の戦いでは、島津の分派三百人が敵中に捨て石にされている。

この時は全滅する前に、大垣城に島津の将兵を収容することができたが、義弘にとっては西軍の、事実上の総大将たる石田三成の許せぬ仕打ちと映ったであろう。

しかも、その原因が明らかなだけに、義弘の心中はやるせなかったのである。上方における島津の兵力は、わずかに千五百止まり。どのように要請しても、中央の情勢に疎《うと》い国許《くにもと》では、関ヶ原の戦いの意味が理解できなかったようだ。増兵がまったく、来ない。

もともと再度上方へ登ったおり、つき従っていたのは二百人ほどでしかなかった。残りは島津家の「上方に登るのはまかりならぬ」との制止を振り切り、義弘を救うべく三

三五五、国を抜け出した〝ぼっけもん〟たちであった。もしも今、五千の兵力が義弘の手中にあれば、関ヶ原の結末は逆転し、その後の歴史は大きく変わったに相違なかったろう。しかし、〝天下分け目〟の戦いで千五百しか持たない義弘は、兵力をギリギリまで温存し、勝利のための、最後の一押しにこれを投入する以外、戦術的な用兵は考えられなかった。

ところが会戦の当日、西軍・小早川秀秋の裏切りにより、一万七千の大軍が味方の西軍・大谷吉継の陣に襲いかかったことで、戦局は一変。西軍は負《ま》け戦と決する。

さて、島津の寡兵はどうするか。怒りに任せての決断は、得てして不運な結果を呼ぶものだ。だが、すでに敗戦と決した中で、わずか千五百の島津勢ができることが、それほど多く残されているわけではなかった。義弘は腹立たしい思いを抑え、瞬時にして決断した。

この一戦が終わった後の、徳川家との合戦を念頭に――わずか千五百をもって前進し、家康の本陣前を横切り、伊勢街道に出て、堺へ向かい、薩摩へ戻る方針を。

さすがの島津将兵たちも一瞬、顔色を変えた。前方には敵があふれている。そこを突っ切って逃走するというのは、敵の追撃も含め、明らかに自殺行為に思われた。後方《こうほう》の近江へ退却してはいかがですか、との具申《ぐしん》も出されたが、義弘はこれを撥《は》ねつける。

「道《みち》は前方《ぜんぽう》のみ――」

薩摩を守った義弘の叡智

なぜ、この無謀な決断に、彼はこだわったのか――。

関ヶ原で勝利した家康は、必ず島津征伐の軍勢をおこすだろう。その時、出兵を躊躇《ちゅうちょ》させ、できれば合戦にいたらず、外交の力で方《かた》をつけたい、と家康が思い定めるためには、ここで島津の強さを徹底して、思い知らせておく必要があった。

千五百が鬼羅刹《おにらせつ》と成り、必死に家康へ挑み、ことごとくが戦死してみせれば、国許になお五万の武士を擁する島津家に、たとえ家康とて無闇《むやみ》には討ちかかって来られまい。

まさに義弘は、〝死中《しちゅう》に活《かつ》〟を自ら実践しようとしたのである。

関ヶ原を横断した時点で、千五百の軍勢は二百余に激減していた。

しかし、執拗《しつよう》にくいさがる「島津の胡座陣《こざじん》」（決死《けっし》の殿軍）に阻まれた徳川方では、追撃戦の途次、家康の四男・松平忠吉《まつだいらただよし》、徳川四天王の一《いっ》・井伊直政《いいなおまさ》が負傷している（二人はこれが原因でその後、病没）。ついに家康は、追撃を中止する命令を下した。

義弘の決断は正しかった。戦後、西軍についた毛利氏の所領が大きく削られたのに比べ、島津氏は自領を保持することに成功した。宗茂は二十年かかって旧領地へ返り咲いたが、義弘は見事に島津氏の領土を守り抜いたことになる。

人間の運命とは、どこまでも不可解なものだ。これから詳しくみるが、宗茂の父・高橋紹運を玉砕させたのは、島津勢である。その宿敵島津氏の、九州制覇をからくも阻止した宗茂は、豊臣政権下では朝鮮出兵、関ヶ原の戦いで、ともに義弘と共に戦うことになる。

関ヶ原の敗戦後、大坂で瀕死の状況にある島津勢をみた、立花家の家臣の中には、

「今こそ、亡き父上（紹運）の仇討ちを、義弘を討ち取りましょう」

と宗茂に進言する者がいた。

宗茂は首を横にふり、これまで苦楽を共にして来た義弘殿を、討つなどとんでもないことだ、といい、自ら人質のように義弘の船に乗り、二人は同じ船で九州へむかっている。

このおり義弘は、宗茂の心中を読み取り、これからを熟慮して、

「種子島《たねがしま》を差し上げる。家臣をひきいて、ともに家康と戦いましょう」

と誘ったが、宗茂は頷かなかった。しかし、結果として二人は生き残った。

悲運の名将義弘は、元和五年（一六一九）七月二十一日、この世を去っている。享年は八十五であった。九州制覇に王手をかけながら、秀吉に屈した義弘ではあったが、関ヶ原の戦いで彼が決断した敵中突破とその深意は、その後も幕藩体制下の薩摩藩の中に脈々と伝えら

れ、ついには明治維新の起爆剤になった、と評価されている。

成り上がった水神の家

さて、大友・島津の大勢力に割って入った第三勢力——龍造寺隆信を、この章の最後にみてみたい。前述の二大国に比べて、彼の家はあまりにも脆弱《ぜいじゃく》な勢力からの出発であった。

現在の佐賀市大和町川上に鎮座する與止日女《よどひめ》神社は、欽明《きんめい》天皇二十五年（五六四）の創建といわれ、肥前一宮《いちのみや》を称した古社である（佐賀県三養基郡《みやきぐん》みやき町にある、千栗八幡宮《ちりくはちまんぐう》も肥前一宮と伝わるが）。

同社は歴史的に、龍造寺隆信の祖父・家純《いえずみ》が、少弐《しょうに》氏の家臣・馬場頼周《ばばよりちか》に謀《たばか》られ、無念の自害をとげた場所として登場する。が、実はその悲劇の舞台であったのみならず、もともと龍造寺氏と、縁の深い神社であった。

そもそも龍造寺氏は、平将門《たいらのまさかど》征討で勇名をはせた平安武士・藤原秀郷《ふじわらのひでさと》（俵藤太《たわらのとうた》）から数えて、八代の子孫・佐藤（藤原姓）季喜《すえよし》を遠祖と称している。

久寿年間（一一五四〜五六）にこの季喜が、父の季清とともに肥前佐嘉郡小津東郷内《おづひがしごうない》龍造寺村（現・佐賀県佐賀市中心部）へ移って、館《やかた》（龍造寺城）を築く。そして同郡高木《たかぎ》城（現・

佐賀県佐賀市高木瀬東《たかきせひがし》）の城主で、大宰府《だざい》官僚でもあった高木季経《すえつね》の次男季家《すえいえ》を養子とし、龍造寺氏を名乗らせたのが、家名のはじまりだとされていた。

この季家こそが、龍造寺氏の初代となるのだが、実は季家の実家・高木氏は、「河上之宮司職」もつとめていた。すなわち、河上郷與止日女神社の大宮司であった。

この神社は佐賀市中心部からみて、北方の名勝「川上峡」のほとりにあり、與止日女（淀《よど》姫《ひめ》）命《のみこと》を主祭神とする。ここでいう與止日女命は、神功皇后の妹とも、神武天皇の祖母である豊玉姫命《とよたまひめのみこと》とも同一視されているが、豊玉姫は海神の娘であった。

この神社が水・川・海の守護神として崇敬を集めてきたことと、河畔という鎮座地、祭神が水神であることは、無関係ではあるまい。

水の神である「龍」の名を冠した龍造寺村周辺は、もともと海沿いに位置し、地名の由来も、そのむかし日本武尊《やまとたけるのみこと》が龍艦《りゅうかん》（龍を模《かたど》った船のことか）に乗ってこの地に着岸したことから、「龍髄」と名づけられたことによるらしかった。

龍造寺隆信の曽祖父・家兼《いえかね》（号して剛忠《ごうちゅう》）が水ヶ江《みずがえ》龍造寺氏を興したおり、水ヶ江＝水の家（「龍の家」の意）と名乗ったのも、水神信仰を反映していたと考えられる。

まさに龍造寺氏は、二重の意味で水神＝龍の家であったことになる。

鎌倉幕府から肥前龍造寺の地頭に補され、代々、鎮西奉行の大宰少弐氏にしたがったが、四十年ほど前に、主家の少弐冬尚《ふゆひさ》の謀臣＝前述の馬場頼周に謀叛の言いがかりをつけられ、一族滅亡の淵に追いつめられたこともあった。隆信は、その龍造寺の分家の出である。

いずれにしても、名門大友氏や島津氏からすれば、図に乗るのも程がある、笑止千万なり。片腹痛いわ、となった。そして、一方の大友氏が攻め込んできた。

“肥前の熊”隆信登場

元亀元年（一五七〇）八月のことであり、肥前佐嘉城（佐賀城　現・佐賀県佐賀市）内には「死地」（生きる望みのないような危険な状況）の張りつめた空気が漂っていた。無理もない。城の周囲に広がる佐賀平野は、大友方の大軍が完全に包囲を完了していた。

その数六万（一説には八万とも）、なんとしても彼らは龍造寺隆信の首をあげるつもりでいた。対する龍造寺軍の総兵力は、五千あまり。それでもどうにか五ヵ月もの間、持ちこたえることができたのは、将兵の団結心、城攻めの難しさ、あるいは大友軍の鼠をいたぶる猫のような心情、余裕の故《ゆえ》であったろうか。

ただし城方には、必死の抗戦は続けて来たものの、皆目、勝機が見出せないなか、絶望感が広がっていた。なにしろ援軍の見込みはなく、ひたすら食糧と気力、体力を消耗していくばかりの日々がつづいていた。降伏するか、もしくは玉砕覚悟で決戦を挑むか——。

重臣たちはことごとく〝肥前の熊〟と異名をとった、主君・龍造寺隆信の顔をみあげた。

享禄二年（一五二九）二月十五日生まれの隆信は、四十二歳。東肥前の土豪（それも滅亡寸前まで追いつめられた）の地位からスタートして、一代で自立できるところまで来た。

しかし、東には大友の大勢力があり、南には島津の強兵が北上の機会を狙っていた。

そこへ割って入り、いわば〝九州三国志〟の形勢となりつつあったものの、史実の隆信は本家の『三国志』の中で、一番弱小の蜀漢《しょくかん》＝劉備《りゅうび》ほどの勢力もなかった。

それどころか、まさに風前の燈《ともしび》——いま一方の大友の攻囲軍に、窮し切っているところへ、さらに宗麟の一族（一説に弟）・親貞《ちかさだ》が、総攻撃の指揮をとるため、今山《いまやま》（現・佐賀県佐賀市大和町《やまとちょう》久留間《くるま》）に着陣したとの知らせが届く。しかも、総攻撃は三日後に決する。

厳重な包囲網を掻《か》い潜《くぐ》って、城外から間諜がもちかえった情報が、隆信と家臣たちの表情をいっそう暗くした。そうしたところへ、今度は「今宵《こよい》、今山の本陣で、敵の前祝いの酒宴が開かれるらしい」との情報が飛び込んできた。

六万対五千。およそ十二倍もの圧倒的な兵力差に、大友軍はすでに勝った気でいるらしい。

余裕綽々《しゃくしゃく》である。ため息をつくか、苦虫を嚙みつぶすか。悄然《しょうぜん》とする家臣団と対照的に、隆信だけは怒りに燃えた目を光らせていた。それをみて、一人の男が頷いた。

主人隆信の義弟・鍋島信生《なべしまのぶなり》であった（隆信の実母・慶誾尼《けいぎんに》が、信生の父・清房《きよふさ》の継室となっていたことによる）。

なお信生は、信安《のぶやす》→信真《のぶまさ》→信昌《のぶまさ》→信生→直茂《なおしげ》と改名するが、改名時期が明確でないため、直茂に改名する以前は、もっとも使用時期の長かった信生を以下、使用することにする。

忠臣・鍋島直茂が押しあげた〝五州二島の太守〟

「殿、これは千載一遇の好機です。今から、今山に仕掛けましょうぞ」

死を賭《と》した、危険な進言であった。しかし、このまま籠城を続けていたところで、最終的勝機は訪れない。籠るも死、出《い》づるも死であるなら、わずかでも可能性のある方へ。否、武士らしく果敢に討って出て、前のめりに討死《うちじに》したい。

信生は膠着した状況の中で、もたらされたわずかな情報に、一筋の光明を見出していた。

ただし、あまりにも大胆きわまりない策は、大勢にはやけくその愚策と思われた。

だが、隆信は決断した。この機を逃しては、佐嘉城は敵の手に落ち、龍造寺家は大友氏の軍門に下ってしまう。夜陰に紛れ、わずか十七騎で城を出撃した信生は、途上で味方と合流しつつ、今山に迫る頃には、その数八百に達していた。それでも、六万対八百——七十五対一にすぎない。一行は敵に気づかれないよう、裏側から今山へ登った。

山頂に辿り着いて見下ろすと、親貞の本陣が見える。数に頼んで油断している敵兵は、まさに酒宴の真っ最中であった。予想どおりの光景に、ほくそ笑んだ信生とその兵たちは、息を殺して、大友軍が寝入るのをその場で待った。やがて、うっすらと空が白み始める。澄み渡る空気を、信生の号令が引き裂いた。

「いまだ、攻撃を開始せよ」

奇襲部隊が鉄砲を放って山肌を駆けくだり、必死の勢いで親貞の本隊へとなだれ込む。大友軍は完全に不意をつかれ、なにが起きたのかも理解できぬまま、龍造寺軍によって、次々と斬り殺されていく。前夜、一足早い戦勝を祝っていた大友の陣営は、阿鼻叫喚《あびきょうかん》の地獄絵図と化する。

折り重なる死体の山を踏み越えながら、龍造寺軍の攻撃はやむことがない。手をやすめれば討たれてしまいそうな、そんな恐怖心が彼らを包んでいたからだ。大友軍の犠牲者は、一説に二千人にのぼったともいう。混乱の中、大友家の主将・親貞も長刀を振るって必死の応戦を試みたが、〝龍造寺四天王〟の一人、成松信勝《なりまつのぶかつ》によって討ち取られてしまう。

新手を加えた龍造寺軍は、完全に浮き足だった大友軍を追撃し、壊滅的な損害《ダメージ》を与えることに成功する。「親貞死す」の報は、〝九州の覇王〟宗麟に多大な衝撃を与え、九州全域を制覇しつつあった大友氏の動きを止めた。

今山合戦での圧勝は、龍造寺隆信を九州の三国鼎立に導く大きなきっかけとなった。

この勝利を弾みとして彼は、ついに〝五州二島の太守〟（肥前、肥後、筑前、筑後、豊前、壱岐、対馬）と呼ばれるまで、身代を大きくすることに成功する。もっとも、今山合戦のみならず、最前線に立って龍造寺軍の躍進を実行して来たのは、鍋島信生であった。

彼は主君隆信より九歳の年下、天文七年（一五三八）三月十三日、肥前国佐嘉郡本庄村（現・佐賀県佐賀市本庄町）に生まれている。幼名を彦法師丸、通称を孫四郎といった。

鍋島氏は北九州の名族・少弐氏の末裔だと称していたが、実際には永徳年間（一三八一～八四）に肥前国へ下向した、佐々木源氏の流れをひく京都北野の住人、長岡入道宗元《そうげん》（経《つね》秀《ひで》）を祖としていた。

〝肥前の熊〟、沖田畷に死す

鍋島家の次男であった信生は、はじめ西千葉家の養子となったが、十年して佐嘉に召還され、龍造寺家への臣従がはじまった。弘治二年（一五五六）、隆信の実母・慶誾尼が信生の父・清房に再嫁《さいか》したため、隆信と信生は義兄弟の関係となる。

三国鼎立――ところが予想もしなかった悲運が、ほどなく龍造寺家を襲うことになる。主人隆信の急死であった。事の起こりは、珍しい主従の、意思疎通を欠いたことによる。

天正十二年（一五八四）、龍造寺氏に臣従していたはずの、島原の有馬晴信が、薩摩の島津氏と結んで叛旗を翻し、島原半島の沖田畷で、龍造寺軍を迎え撃つ事態が起きた（宗茂は十八歳、立花城の守備についている）。

晴信の妹は、隆信の後継・龍造寺政家《まさいえ》の室であったにもかかわらず……。

前述した如く、天正六年十一月の大友対島津の決戦――高城・耳川の合戦において、大友軍が完敗を喫したため、〝三国〟の均衡《バランス》は大きく崩れ、大友の縮小する分、島津の領土は拡大し、ついにはこれまた急膨張の龍造寺氏とぶつかることになった。

〝五州二島の太守〟となって以来、隆信も大友宗麟が毛利元就の死去で安心したように、あまり合戦をせずに、謀略で敵味方を押さえつけることが多くなった。そのため彼の体も肥大し、戦場に赴くおりには、六人担ぎの輿《こし》に乗らねばならなくなってしまう。油断といってよい。

沖田畷の合戦に先だって、信生は自信満々の隆信を懸命に諫めている。討って出ず、守りを固めてしかるべし、と。しかし、かつての大友親貞同様、兵数に驕《おご》る隆信は、信生の言に耳を貸さずに兵を進め、有馬の援軍に駆けつけた島津軍に大敗してしまう。

「紅炉上一点の雪《こうろじょういってんのゆき》」（赤い火のたつ炉上の、一点の雪のごとき短い一生であった）との言葉を残して、隆信は島津軍の河上《かわかみ》（川上）左京亮《さきょうのすけ》に斬られてしまった（『九州治乱記《きゅうしゅうちらんき》』、別名『北肥戦誌《ほくひせんし》』）。

勢いづく島津軍の勇猛さに乗って、有馬氏を加えた連合軍は、やがて佐嘉城の目前まで迫ってきた。このおり彼らは隆信の首を掲げて、開城を要求したが、信生はこれを毅然と拒否する。結局、主将の島津家久（義久・義弘の弟）は攻城を諦め、和睦することに――。

隆信亡き後、龍造寺家の家督は息子の政家が継いだが、領国経営は信生に委任。彼は長崎代官にも任じられ、肥前神埼郡《かんざきぐん》（現・佐賀県神埼郡）に四万四千五百石を領有する。

やがて天正十五年（一五八七）三月、豊臣秀吉が九州征伐に乗り出して来た。

龍造寺家の家政を総攬していた信生は、島津氏との手切れを宣言する。秀吉軍の先鋒となった信生は、島津氏へ攻めかかった。実は信生は、九州征伐が始まる前から、宗麟同様、秀吉と誼《よしみ》を通じていたのである。信生はみごと、亡き主君隆信の仇を討ったわけだ。

しかも秀吉は、信生の軍才を高く評価し、本国肥前の過半を龍造寺家に安堵した。そして信生自身は、秀吉から直接の朱印状《しゅいんじょう》を賜《たまわ》る。つまり宗茂と同様、龍造寺家とは別に、独立した大名となったわけである。

天正十七年、信生は名を「直茂」と改める。翌年、主君の政家は隠居し、龍造寺家の家督はその子高房《たかふさ》に譲られた。だが、すでに直茂がすべての実権を握っていた。

朝鮮出兵に際しては、龍造寺家臣団は鍋島軍に編成替えしている。

秀吉の死後、関ヶ原の戦いにおいて、直茂の嫡子・勝茂《かつしげ》は、当初、西軍に属していながら、途中、父の指示で東軍に鞍替《くらがえ》、西軍方の立花宗茂の領地＝柳河を戦後、攻めたことで、本領三十五万石を守ることに成功している（詳しくは後述）。

肥前佐賀藩鍋島家は、明治維新においては〝薩長土肥〟に数えられる官軍主力となり、やがて侯爵となった。無論、直茂はそうした未来のことは知らない。彼は元和四年（一六一八）六月三日、八十一歳でこの世を去っている。

このようにみてくると、あの世とやらで旧主と再会しても、宗茂が大友義統から、裏切り者と指弾されはしなかったように、直茂も隆信に詰《なじ》られることはなかったろう。

その証左に、〝鍋島論語〟といわれた『葉隠《はがくれ》』（山本常朝《やまもとつねとも》述）は理想の武士として、隆信と直茂の二人を挙げている。

〝九州三国志〟――秀吉の九州征伐によって一変されるまでの戦国九州にあって、大友・龍造寺を飲みこんで九州全域に王手をかけた島津軍に対して、最後の砦となったのが、立花城の立花宗茂であった。彼はそれを守り抜いた。いかにして、この大業を成し得たのか。

次章では宗茂の人物像を、二人の父を中心に詳細をみていきたい。

第一章　二人の父と共に

宗茂はいつ、どこで生まれたのか

〝九州男児〟という心象《イメージ》を、筆者は鎌倉幕府が三度目の蒙古襲来に備え、六十余州から九州に集めた武辺者を源として、戦国期、育《はぐく》まれ、磨かれたもの、とひそかに理解してきた。もちろん、立花宗茂にも二人の父――戸次道雪、高橋紹運にも、個性とは別の最大公約数的なものとして、大友宗麟、島津義久－義弘兄弟、龍造寺隆信－鍋島直茂主従にも、共通する雰囲気＝〝九州男児〟の心象《イメージ》があった。

ただそうした中でも、立花宗茂の知名度が今一つ上がらない理由について、筆者がつらつらと考えるに、地域とは別に今一つ、この人物の諱改名の頻繁さがあるように思われた。「統虎」にはじまって、「鎮虎《しげとら》」「宗虎《むねとら》」「正成《まさなり》」「親成《ちかなり》」「尚政《なおまさ》」「政高《まさだか》」「俊正《としまさ》」「経正《つねまさ》」「信正《のぶまさ》」と、そのときどきの境遇を慮ってか、宗茂は度々諱を改めており、慶長十五年（一六一〇）頃になってようやく、奥州の小大名となった時点で（終章参照）、「宗茂」がもちいられた。このとき彼は、四十四歳である。それからは改名しなかったが、泰平の世となった江戸城では、どうであろうか。号の「立斎《りっさい》」の方が、通りがよかったかもしれない。

本書では便宜上、「宗茂」で通しつつ、折々の諱にもふれていきたい。

宗茂のみならず、どういうわけか大友系の人々の名前の訓《よみ》が、ややこしくて読みづらい。養子入りによる改姓・改名も頻繁であり、こういったところにも、全体にわかりにくい煩雑さ＝人気のあがらない要因が潜んでいるようにも思われる。

ところで宗茂の年齢を、序章でも書き込んできたが、この人物の生誕にはそもそも、永禄十年（一五六七）説とその二年後とする、二説があった。

出生地も筑前国御笠《みかさ》郡岩屋城（現・福岡県太宰府市）とするもの、豊後国国東《くにさき》（国崎・国崎）郡都甲《とごう》庄＝屋岩屋の筧城《かけい》（現・大分県豊後高田市）の吉弘館《よしひろやかた》とするものの二つがあった。

筆者は、寛永十五年（一六三八）に宗茂が家臣・十時雪斎《ととときせっさい》（連貞《つらさだ》）に与《あ》てた書状の写《うつし》の中で、「我ら七十二」と自らの年齢に言及している記述があり、宗茂の養子で柳河藩二代藩主となった立花忠茂《ただしげ》が、「亡父七十六にて死去に候《そうろう》」と述べていることなどから、永禄十年（一五六七）八月十三日の生まれと考えてきた。生誕地は後者、吉弘館であろう。

父は、大友宗麟の家臣で筧城主・吉弘左近大夫鑑理《あきただ》の次男・弥七郎鎮理《しげただ》（しげのり、とも）。のち、高橋鎮種、三十代半ばで紹運と号する）であった（序章参照）。

紹運の父・吉弘鑑理が、戸次左衛門大夫《さえもんたいふ》鑑連（道雪）と同様、長く政治・軍事・外交の評定《ひょうじょう》にあずかる大友家の最高位《ポスト》＝加判衆《かばんしゅう》（連判衆《れんぱんしゅう》とも）をつとめていたことも、すでにふれている。

一方の宗茂の母は、同じく大友家の家臣・斎藤鎮実の娘（妹とも）であり、のちに宗雲院《そううんいん》と号している（宋雲院とも）。鎮実が宗麟擁立派の人物であったことも序章でみた。

宗茂の幼名は千熊丸《せんくままる》といい、通称は父と同じ弥七郎。宗茂には弟一人、姉妹が四人いたと『寛政重修諸家譜《かんせいちょうしゅうしょかふ》』にある。

人は誰しも、父母を選んで生まれてくることはできない。

宗茂の人生もふり返ってみれば、何より吉弘家出身の高橋紹運の息子に生まれることがなければ、まったく別のものになっていたはずだ。

名門・吉弘家と高橋家の由来

そもそも父・紹運の実家である吉弘家は、豊後大友氏の一族であった。

伝説では源頼朝の長子左近将監《さこんしょうげん》能直が大友氏を名乗って豊後国へ下向し、守護職となったという。その十二男・左近蔵人泰広《やすひろ》は田原氏を称し、四代下った左近蔵人貞広《さだひろ》の弟・丹後守正堅《まさかた》が、国東郡武蔵郷吉弘（のち大分県東国東郡武蔵町　現・大分県国東市）に住して「吉弘」姓を名乗った。ここから、吉弘氏が始まる。

宗茂の曽祖父・氏直の代に都甲荘へ移り、屋山城と筧城を居城としたという。

なお、吉弘家の本城・屋山城は急流都甲川に臨む標高五百メートル余の屋山（別名・八面山）の頂《いただき》に築かれており、戦時はここに籠ったが、平時は麓の筧の城館で起居していた。

紹運の兄・吉弘家の嫡男鎮信は、一時はのちに宗茂の拠る立花城の、西城の城督をつとめたが、この頃は宗麟の申次職《もうしつぎ》（主君に奏事伝達を行う役）を勤めていた。

ちなみに、筆者の母は東国東郡糸永《いとなが》（現・国東市安岐町《あきまち》糸永）に生まれ、旧姓を「古庄《こしょう》」といった。この姓は大分で最も古い部類に入り（その分、多い）、大友家も古庄家から分かれたとの説がある。だからというわけではないが、大友家とそれに連なる立花宗茂には、ある種の親近感を感じてきた。

一方の高橋家は、まったく別系統の、それでいて王朝時代から九州に存在する名族・大蔵氏の末裔であった。

平将門が東国で「新皇《しんのう》」を称して暴れている頃、伊予（現・愛媛県）で乱を起こして京の朝廷を震え上がらせた人物に、藤原純友《ふじわらのすみとも》がいた。

その純友が大宰府（九州における朝廷の出先機関。本稿では地名を太宰府とした）を占拠したおり、その追討に都から下った武人の中に、大蔵春実《おおくらのはるざね》という人物がいた。

猛威をふるう純友に対して、劣勢に立たされ、今にも総崩れとなりそうな官軍にあって、一人、春実は手に大刀を握りしめ、大音声《だいおんじょう》に叫びながら、賊の中に斬り込み、あたるを幸いに撫《な》で斬《ぎ》りにして、形勢を逆転させたという。これは『扶桑略記《ふそうりゃっき》』（『扶桑記』『扶桑集』とも　延暦寺の僧・皇円《こうえん》編）に出ていた。

春実はそのあと、九州にとどまった。まさに、〝九州男児〟の源流のような人物である。

その子孫が九州一円に広がり、高橋・原田・秋月・田尻・江上・三池・小金丸・三原などの諸氏に分かれたという。

なお、大蔵氏の先祖は、征夷大将軍の代名詞となっている坂上《さかのうえの》田村麻呂《たむらまろ》と同系統の、中国・漢王朝の孝霊帝の子孫＝阿智使主《あちのおみ》（阿知使主）の漢《あや》氏と伝えられている。当時、最新の武具や武器、戦術・戦略がこの系統を称する人々から伝えられた可能性は高い。

その中で高橋氏は、春実の孫・春門《はるかど》が筑後国御原《みはら》郡の高橋（現・福岡県三井《みい》郡大刀《たち》洗《あらい》町高橋）に住して、「高橋」を称するようになったという。

古くは南北朝の頃から、大友氏に属していたようだ。

『筑後軍記略《ぐんきりゃく》』（成立年不詳）その他によれば、戦国時代の天文初年（一五三二前後）に、ときの当主長種が、高良山《こうらさん》（現・福岡県久留米市）の僧をあやめた怨霊の祟りで病没して以降、代々、高橋家では養子がつづいたという。

そういえば、これからみる高橋鑑種も、一万田《いちまんだ》家からの養子で、彼の兄・鑑実の妻を主人の宗麟が横恋慕し、懸想《けそう》したあげく夫の鑑実を誅殺して、その妻を奪ったことへの遺恨により、大友氏に謀叛を起こしたとの伝承があった。

応仁の乱で一変した日本人

ところで、宗茂の生まれた永禄十年（一五六七）といえば、東海地方では尾張の織田信長が隣国美濃（現・岐阜県南部）の稲葉山《いなばやま》城を陥して、「岐阜」と改めた年にあたる。この翌年には、将軍候補の足利義昭を擁して上洛戦を敢行し、十五代将軍に据えた時期にあたる。

すなわち、信長による〝天下布武〟が宣言された画期の年に、宗茂は生まれたことになる（この永禄十年は松永久秀が東大寺の大仏殿を焼いた、と非難された年でもあった）。

日本の中心部ではいよいよ戦国乱世が本格化していたのだが、目を九州に戻すと、序章でみたように、中国地方に勃興した毛利元就がその勢いをもって、豊前・筑前へと侵攻し、大友宗麟がその防戦にあたっていた時期に相当する。武将として宗麟は、軍才には長けていたが、性格にムラがあり、そのことが家臣との間に軋轢を生んでいた。加えて、際限のない漁《ぎょ》色《しょく》、荒淫《こういん》——その不行状のため、憤怒《ふんぬ》の情をもって毛利方に寝返る家臣も少なくなかった。

時代は日本史上、最長にして最大の内乱＝応仁の乱（応仁・文明の乱とも　一四六七～七七）を経て、すでに九十年が経過していた。

この乱は京の都を一面の焼け野原と化し、九州も含めて日本全土に戦乱の渦を波及させたが、それ以上の凄まじい劫火《ごうか》で、それまでの日本人の生き方を変えてしまった。

下位の者が上位の者に剋《か》ち、威勢をふるう。後世にいう「下剋上《げこくじょう》」——叛逆が連鎖する乱世が、応仁の乱によって到来した。ちなみに、「剋」は刀（力）を以《もっ》て殺し、勝つという意味である。

「臣君《しんくん》を弑《しい》し子《こ》親を殺し、刀（力）を以て争ふべき時到《いた》る故《ゆえ》に下剋上との一端あり」

（『太平記』巻第二十七）

とあった。

それ以前の中世日本では、人は例外なく出自《しゅつじ》・分限が、生まれながらに定められていると信じていた。生まれ落ちた環境からは、どのように足搔《あが》いても抜け出せない。自らの境遇は不変のもの、と誰しもが観念し、その宿縁を疑うことすらなかった。

能力や才覚といったものが問われたのは、動くことのない階層の内部でのことだけ。

〝御堂関白《みどうかんぱく》〟といわれた藤原道長は、中世を約三百年支配した藤原氏の流れの中にあり、家も天皇家につながる系譜をもっていた。平清盛にも白河天皇（第七十二代）のご落胤《らくいん》説がある。その所属する平家のみならず源氏も、天皇家に繋がる縁《えにし》を持っていた。

ところが、応仁の乱後の室町時代中期になると、

「いや、実力さえあれば、運命は身分に関係なく変えられるのではないか」

という、それ以前の日本人からすれば、卒倒しかねない、まるで神仏に楯突くような、ふてぶてしい思潮が興《おこ》り、沸き立つように急速に育つこととなる。

もちろん、「下剋上」は、短時日に日本人全体の精神となったわけではない。頻繁に起きる飢饉、将軍家や守護の暗殺事件、世相不安による一揆といった、天災・人災が打ちつづくなかで、このような時代に生き合わせた人々は、生き残るために、それ以前の風習・慣例をかなぐり捨てて、生々しい粗野な欲望をむき出しにして、それをエネルギーに変えていったのである。

下剋上に出た高橋鑑種

都鄙《とひ》遠境ノ人民迄《まで》（都の人も田舎の人も）、花麗《かれい》（華麗）ヲ好ミ、諸家大営《たいえい》（大きく振る

舞う)、万民の弊《へい》言語道断也《なり》。〈中略〉然《しか》レド只《ただ》天下ハ破《やぶ》レバ破レヨ、世間ハ滅《ほろば》バ滅ビヨ、人ハトモアレ、我身《わがみ》サヘ富貴ナラバ、他《ひと》ヨリ一段、瑩羹《えいかん》(豪奢)様ニ振舞《ふるまわ》ント成行《なりゆ》ケリ。

(『応仁記』巻第一)

日本人は変わっていく。応仁の乱を濾過《ろか》することで、生まれながら定められた身分＝運命が崩れ、人々は物事の主体を己れ個人に帰して考えるようになった。

ちなみに、「戦国」の単語の初出だが、陽明文庫所蔵の『後法成寺《ごほうじょうじ》関白記』(室町後期の関白太政大臣・近衛尚通《このえひさみち》の日記)――別名、『近衛尚通公記』の永正五年(一五〇八)四月十六日の条に、「そもそも世上の儀、いはゆる戦国の時のごとく、何日、安堵の思ひをなすや」(筆者読み下す)とあった。

ここでいう「戦国の時」というのは、中国の春秋・戦国時代の「戦国」を連想した世の中の意であろうが、この頃、すでに尚通は自らの生きている時代を、中国の「戦国」と同じだと怖気をふるって認識していたことになる。一般の印象《イメージ》より、かなり早いのではあるまいか。

「下剋上」はいつ果てるともなくつづき、合従連衡《がっしょうれんこう》をくり返した。九州の大友家でも下剋上――主家への裏切りが頻繁に起きている。その好例が、大友一族から出て「加判衆」をつとめる一万田弾正忠《だんじょうのじょう》鑑実《あきざね》の弟＝大友一族の「高橋家」を継ぎ、鑑種を諱とした人物といえるかもしれない。

彼は序章でみた如く、宗麟の弟・大内義長が周防山口に渡ったおり、それに従ったが、義長が毛利元就に滅ぼされると、九州に戻って宗麟のもとでは主《おも》に筑前経略を担当していた。

やがて、その能力を認められた鑑種は、御笠郡岩屋と宝満（いずれも現・福岡県太宰府市）の両城の城督《じょうとく》（城番とも、幅広い支配権を持つ）に任ぜられる。よほどの信頼があったに違いない。なにしろ両城は、筑前の商都博多をおさえる重要な職責を負っていた。

ところが永禄九年の冬、鑑種は主君宗麟を裏切り、叛意を示し、毛利氏とそれに与《くみ》する龍造寺隆信や古処山城の城主・秋月種実《たねざね》に呼応して、謀叛を起こしたのである。

岩屋城は、のちに宗茂の養父となる戸次道雪（鑑連）が自ら先陣となって落としたが、鑑種は一方の宝満城に籠って抵抗を続け、永禄十二年十一月に降伏するまで戦い抜いた。

家臣に数多い一万田一族の嘆願により、主君宗麟は鑑種の降伏を入れ、生命を助け、所領没収のうえ豊前小倉（現・福岡県北九州市）に移した。鑑種は仏門に入って「宗専《そうせん》」と号す。

高橋紹運の登場

だが、高橋家の将士の中には、主人宗専に従うことを潔しとせず、拒絶する者がいた。家来が主人を選ぶ、下剋上の成果が、高橋家の老臣・北原鎮休《きたはらしげよし》にも育っていたのだろう。

「願わくば、筑前高橋家の再興を——」

と宗麟に願い出、ここで担ぎ出されたのが吉弘鑑理の次男＝鎮種こと紹運であった。

まだ城下町という発想そのものがなく、人々は生まれた土地にしばられて生きていた。

それだけに離反・謀叛は生命懸《が》けであったが、高橋鑑種（宗専）の叛逆に前後して、これまで大友一族の中からとくに人選して、筑前立花城主としていた〝西の大友〟＝立花鑑載が背き、龍造寺隆信や秋月種実、宗像《むなかた》神社の大宮司・宗像氏貞《うじさだ》、肥前五ヶ山城主・筑紫広門《ひろかど》らと語らって、反大友の狼煙《のろし》をあげる。

しかし、永禄年間の宗麟と大友軍団は強かった。永禄十一年（一五六八）秋に立花鑑載が討死を遂げ、次の年には龍造寺隆信が降伏している（また裏切るが）。永禄十二年ないしはその翌年、紹運は高橋家を継ぎ、千熊丸こと宗茂は三歳で岩屋城に移った。

——ついでながら、彼の兄弟姉妹もみておきたい。

弟の統増（千若丸。宗茂より五歳年下）は兄・宗茂によって、生涯をふりまわされることになる。長男（嗣子）でありながら「立花」を継いだ宗茂にかわり、「高橋」を継嗣したのはこの統増であり、兄にならってかどうか、「宗一《むねかず》」「重種《しげたね》」と諱を改め、豊臣政権下では筑後三池郡（現・福岡県大牟田市）を領有した。

のちの関ヶ原の合戦において、西軍敗北となって兄ともども改易となった統増は、長く肥後に寓居を構え、「道白《どうはく》」と号して世をはかなんだが、その後、兄の徳川家への仕官により、二代将軍・秀忠より常陸国に五千石を拝領。この慶長末期に姓を高橋から立花に改め、実名を「直次」とした。宗茂の後継・二代柳河藩主はこの直次の四男である。

統増はこれまでの歴史書に、決って「高橋直次」と記されてきたが、厳密にはこの名前を名乗ったことは、史上に一度もなかった。

四人いたとされる姉妹は、宗茂の最初の諱「統虎」のもと＝大友義統の、息子である義乗《よしのり》の室となった女性が一人。小田部統房《こたべむねふさ》（元・筑前安楽平《あらひら》城主）の室となった女性もしかり。妹ながら改めて宗茂の養女の形をとって、細川玄蕃頭興元《げんばのかみおきもと》（忠興《ただおき》の弟・関ヶ原では兄の東軍荷担に反対した人物）の室となった女性もいた。妹なのに改めて宗茂の養父・道雪の養女に直って、立花家の重臣で宗茂の軍師ともいわれた立花賢賀《けんが》（前名・薦野《この》三河守増時《ますとき》、玄賀とも）の子息・成家《なりいえ》の室となった女性も、各々、確認されている。

ところで、高橋紹運についてのみならず、戸次道雪、さらには立花宗茂の人柄については

『名将言行録』が詳しい挿話を集めていた。

この書物は、戦国時代の名将・智将・闘将から、江戸時代中期の名君・賢臣にいたるまで、実に百九十二名の歴史上の人物を厳選。その足跡を述べ、言行を出典にあたって記した大著である。作者は幕末期、館林藩の大目付などをつとめた岡谷繁実《おかのやしげざね》であった。今日でも、一次史料にとぼしい人物の事柄を知るうえで、小説の類の種本などとして使われている文献といってよい。

幕末のペリー来航のおり、アメリカ兵の横暴と倣慢に憤った繁実が、その一方で近代兵器を備えた米国の軍事力に圧倒され、脅威を覚えると同時に、怯《ひる》む己れの心を鼓舞するため、日本の武士の精神を、古の名将伝に求めたのが、執筆動機であったという。唯一残念なのは、出典の一覧はあるものの、一つ一つの逸話の出典を明記していないことであろうか。

とはいえ、同書に拠らなければ、まずは以下の、高橋紹運の人物像がみえてこない。

本書では原典に手を加えず、筆者が現代語訳に改めて使用した。順次、みていきたい。

義を重んじる紹運は「愚直」な人

――紹運の人柄について、『名将言行録』は口を極めて褒めている。

同書の「高橋家を継ぐ」には、次のようにあった（改行とカッコは、筆者に拠る）。

鎮種（紹運）は壮年に達するまえから、度量があり人には寛大で、義を重んじる真《まこと》の武士であった。大友一族の人々も、この人物こそ英雄にふさわしい武将と噂をしたが、事実、鎮種の名は近隣諸国に知れ渡っていた。

ところで、高橋家の老臣・北原伊賀鎮久《しげひさ》（鎮休と同一人物か）が、鎮種を高橋家の後嗣者にしてほしいとしきりに歎願していた。そのため大友家では家老たちが協議したが、なにぶんにも宝満・岩屋の二城は、大友家にとって重要な城郭、才覚のない者を配置することはできない――鎮種は年こそ若いが器量人でもあり、不足はない。

しかも鎮種は、吉弘鑑理の子であり、高橋家とは縁戚の関係にあり、名跡を継承しても不自然ではあるまい。ゆえに鑑種の養子として高橋家を再興させるがよい、ということになり、ここに高橋家を名乗ることになったのであった。

少し先まわりをして述べると、この紹運が後世に名を残したのは、不敗の将＝宗茂の実父であったからではなかった。紹運の壮絶で潔い、まさに武士の鑑《かがみ》として多くの武士が涙した、その最期があまりにも劇的であったがゆえに、紹運は数いる大友家の家臣の中で特段、後世に注目されることになった。

真っすぐな性格、「愚直」さ——紹運は主従の紐帯《ちゅうたい》（二つを結びつける大切なもの）は、信義だと思い定めていた。この信義こそが、武士のまっとうすべきただ一筋の道であり、誇るべき紋章である、と。乱世、下剋上の世とはいえ、私利私欲に右顧左眄《うこさべん》して、利のある方へなびく行為、算盤勘定で動くのは、武士として最も恥ずべき所為《しょい》だ、と彼は信じて疑わなかった。そのことが、自らの婚姻＝「許嫁の約を違えず」にも如実に語られていた。

写真３　高橋紹運肖像（天叟寺蔵、柳川古文書館提供）

鎮種（紹運）が未《いま》だ若かったおり、兄の鎮理が斎藤兵部少輔鎮実《ママ》の妹を、鎮種の妻にする旨を約束していた。だが、そのころ豊前では毛利軍との戦がつづき、とくに騒がしい状況であったため、妻に迎えられないまま時がすぎてしまった。

その後、鎮種が鎮実に対面したとき、鎮種は、

「兄が約束したところの、妹御を妻に迎えねばならなかったのに、戦いの最中であったがゆえに、時機を失《しっ》してこのように遅くなりました。が、まもなく迎えたいと思います」

といった。すると鎮実は、約束したことについては決して忘れてはいない。ところが、その後に妹は痘瘡《とうそう》（天然痘の発疹の跡であるあばた）を思い、ことのほか見苦しい有様となってしまった。これではとても、送り出すことはできぬ、という。鎮実の言葉を聞くなり、鎮種は顔色を変えていった。

「思いもよらぬ言葉を聞くものです。斎藤家は大友家をその先祖とし、武勇の誉れ高い武門の家柄。それなればこそ、兄も約束したこと。それを（いまさら）辞退でもありますまい。某《それがし》は決して色を好み、浮いた心で妻を迎えようとしているのではありません」

そしてまもなく、（紹運は）妻に（鎮実の妹《ママ》を）娶ったのであった。

武将としての紹運

紹運にすれば、「疱瘡」などは難儀な病に打ち勝った、戦場における向う傷のようなものに、思えていたであろう。

武士にとっての第一義は、信義を守ることのみ。見方を変えれば、紹運は下剋上が常態化した時代に、わりに合わない武士の生き方＝潔い死に方を求めていたように思われる。たった一度の人生、それも短い人の世であるならば、己れに恥じない生き方を精一杯したい、それが紹運であった。その情操を育てたのは、父・吉弘鑑理であったかと推測される。

この宗麟が最も頼りとした名将は、不甲斐ない主君、暴君を、最後まで見捨てることなく、庇《かば》い、支え続けて生涯を終えていた。

紹運はこの父を心から、尊敬していたに違いない。自らも同様の道を歩みたい、その思いが心胆を練りあげて、この人物を創りあげたのだろう。「夜討ちの後の握り飯」という紹運の逸話が、『名将言行録』に載っていた。

鎮種（紹運）が鑑俊《あきとし》（正しくは立花鑑載）を夜襲したとき、生き残った味方の者は士が四十七人、雑兵を入れてわずか百九人というありさまであった。

いずれもが所持していた飯を取り出して食いはじめたが、全部を食べた者はわずかに八人に過ぎず、その他の者は飯が喉を通らなかった。鎮種はその様子をみていった。
「数千の味方もあるいは負傷し、あるいは討死して、残った者はわずかだ。しかし、残った者は身分の上下を問わず、いずれも一騎当千の者たちばかりである。死は人間にとって最も重大事だが、男子たる者が食わずして、なにを力に、立派な死が遂げられようか。各々方はこれをみるがよい」

と。そして大きな握り飯を四、五個続けて（ムシャムシャと）食べてみせたので、皆の者もこれをみて、たちまち全部を食べてしまったという。

その一方で、武士が主君に忠義を尽くすことが、いかに切ないものであるか、因果《いんが》（前から決まっていてどうしようもないこと）か、「謀叛人の子を使って秋月を攻略」という挿話は雄弁に語っていた。

天正八年（一五八〇）というから、史実なら、耳川の合戦で大友軍が島津軍に大敗した二年後のことになる（序章参照）。九州最強の〝幻想〟が砕け散った大友王国は、各地で土豪や国人の謀叛にあうようになっていた。この事情は、太宰府（本稿では地名を太宰府とし、朝廷の機関を大宰府とする）でも変わらなかった。

秋月種実は己れの勢威が強大になるにしたがい、なんとかして近くの大宰府（太宰府）を手中にしようと思ったが、鎮種（紹運）が智勇兼備の将であるだけに、事は容易に成就できずにいた。だが、種実も武勇は音に聞こえた大将である。

かねてから鎮種の老臣・北原鎮久（鎮休か）が武勇はあるものの、智に乏しく、忠義心もないままに、その職にあると聞いていたので、密かに使者を鎮久のもとにおくり、近日中に大宰府へ軍勢を発向させるので、それを機に城中に火を放ち、裏切ってほしい。

そうしたならば、鎮種はたちまちにして滅ぶであろうから、裏切りの功を賞して、岩屋城か宝満城のいずれかを望みのままに与えよう、と持ちかけた。鎮久はそのため躊躇なく、合図の日どりを定め（裏切る）約束をしてしまう。

この話、紹運を主人に担いだ北原氏が裏切りをした、とは信じられない。が、あるいはそれほど自らの土地を守ることに、国人・土豪層が追いつめられていたのかもしれない。

家臣の不義を許す紹運と道雪

――「謀叛人の子を使って秋月を攻略」の、つづきである。

鎮種（紹運）はこのことを洩れ聞くや、急いで鎮久を誅殺し、次に鎮久の子・進士兵衛《ししべえ》を呼んで、

「その父を誅したのは、わしの間違いではない。このような理由によるので、わしを恨むではないぞ。そちの家は代々つづく高橋家の家老であり、家を断絶させぬためにも（わしは）そちの命を助け、父の遺領はすべて（そなたに）継承させたいと考えている。そちは父の非を悔い、家の恥辱を晴らすために、（わしに）忠義を尽くしてほしい」

そういって、まずは秋月種実のもとに、次のように連絡するように、と進士兵衛に指図をしたのであった。進士兵衛は承知して、秋月方に使者を派遣していった。

すなわち、父・鎮久は内応が露見して殺されてしまった。父を討たれた憤りは抑えようもない。父の志が空しくなったのは致《いた》し方ないとはいえ、こうなれば家重代の主君も父の敵である。何日に密かに軍勢を差し向けられたい。宝満城において出会うこととしたい、と。

この連絡に、種実はいささかの疑念ももたず、屈強なる将士三百余騎に夜襲の準備をさせて出立させた。そして十月十八日の夜半頃、宝満山麓の本堂寺に到着した。

鎮種はあらかじめ隠しておいた軍勢を指示し、八方から鬨《とき》の声をあげさせ、秋月勢を急遽取り囲む。夜半のことではあり、敵方の策略に乗ってしまった秋月勢は大いに驚き、ある者は谷に下り、峰に上り、またある者は堀川に飛び込むなどして、逃げ惑うばかりで、誰一人として戦おうとする者はいなかった。

それにひきかえ、鎮種勢は案内（内情）知った土地であり、ここの行き止まり、かしこの難所という具合に、追い詰め、射倒し、斬り伏せたので、秋月勢の三百余騎はことごとく討たれて逃れた者は十余騎という有様であった。

この逸話の翌年、紹運の長子・宗茂は、戸次道雪の養嗣子となるのだが、そういえば道雪にも同じような、不義を許した挿話があった。『常山紀談』（湯浅常山《ゆあさじょうざん》著）にもある挿話で、おそらく『名将言行録』はこれを出典としたのであろう。

以下、『名将言行録』を現代語訳してみる。「鑑連の仁愛」という挿話である。

鑑連（道雪）は、己れの側に仕える女と密かに心を通わす者（家臣）のいるのに気づいていたが、素知らぬふりをしていた。ところが、それを知っている者がいて、ある夜、物語のおりに、東国の大将で、寵愛の（己れの）女に密かに情を交わす者がいたのを、誅したことがあった旨の、作り話をして鑑連がどう答えるかをためした。すると鑑連は、

「若い者が色に迷ったからとて、必ず誅せねばならぬこともない。人から君と仰がれる者が、わずかなことで人を殺せば、人々が離反するもととなろう。国の大法を犯したわけでもあるまい」

といった。これを彼の者（間夫《まぶ》＝情夫）が聞いて、己れのことだと心に恥じると同時に、鑑連の仁愛に大いに感激したという。

その後、島津勢が鎧ヶ岳（鎧岳《よろいがだけ》）城を攻撃してきたおりのことである。鑑連は城を出て戦ったが、島津の大軍が押しかけてきて危うくなると、彼《か》の者が大声を上げて、乱れ立つ味方を叱咤激励して懸命に戦ったので、その間に鑑連は城近くまで退却することができたが、敵の進撃があまりにもはやかったため、城門を閉める間がない状態となった。

そのときである。彼の者が再び（敵方へ）取って返すと、武士の討死すべきは、まさ

にここにあり、各々がここで討死すれば、城は奪われることはないであろう。返せ返せ、といいながら槍を横たえて、そこにどかりと腰を下ろしてしまった。そのため、引き返してきた者が三人――押し寄せる敵と真っ向から戦って討死したので、その間に城門を閉じることができたのであった。

実に、武士《もののふ》の心を知る道雪らしい心くばりといえる。彼を紹運が〝師父〟として、尊敬していたのも納得がいく。

紹運が敬愛した猛将・戸次道雪

高橋主膳《しゅぜん》兵衛尉鎮種＝紹運が、主君宗麟から託された宝満、岩屋の両城は、ともに眼下に太宰府を望む山上にあった。

いうまでもなく、筑前の要衝＝太宰府を守るべく配置された城である。

一方の宝満城は、竈門《かまど》神社の上宮の鎮《しず》まる標高八百二十九メートルの、宝満山上近くに築かれており、ここに立つと東には筑紫平野がひらけてみえ、古処三山《こしょさんざん》（古処山・屏山《へいざん》・馬見山《うまみやま》）、英彦山《ひこさん》が連なり、西に目を転じれば背振山《せぶりやま》の峰が並び、南は筑後川となる。

そして、そのはるか北方には玄界灘を遠霞みに望めた。

岩屋城はこの宝満山の南西に位置し、大宰府の街をはさむ形で山容をほこる標高二百八十一メートルの四王寺山《しおうじやま》──その中腹に、北へ張り出した尾根に存立していた。

紹運は普段、岩屋城で起居して、宝満城を詰城《つめじろ》としていた。

宗茂が、ここで生まれたという説があるのは、こうした事情に拠るが、彼が吉弘館から岩屋城に移ったのは、三歳のときであった。

紹運が対峙していたのは、隙あらば大友氏から独立しようと画策する龍造寺隆信、秋月種実、筑紫広門、宗像氏貞、原田了栄《りょうえい》たちである。

これらの兵《つわもの》たちと接して、きわめて心身の緊張が取れない戦の日々の中で、紹運が獅子奮迅の活躍を続けることができたのは、自らが〝師父〟とも尊敬する戸次道雪（鑑連）がいたればこそであった。道雪は紹運の父・吉弘鑑理の戦友（やや後輩）である。と同時に、同じ型《タイプ》の武人でもあった。

道雪の戸次氏も、大友氏の諸流の一つであり、豊後国大野郡藤北《ふじきた》（現・大分県大野市）の鎧岳《よろいがだけ》城を本拠としていた。彼の生年も諸説あったが、筆者は永正十年（一五一三）説を採《と》っている。間違いないのは、大永六年（一五二八）四月に、十代半ばで戸次の家督を継ぎ、

「鑑連」を名乗ったことであろう。

「道雪」と号するのは、天正二年（一五七四）の二月から五月頃にかけてのこととされているが、本書では一貫して道雪で記述している。

彼は序章でみたように、天文十九年三月の〝大友二階崩れ〟の変のおり、すでに宗麟に従っていた。永禄四年（一五六一）から元亀二年（一五七一）にかけて、大友家の「加判衆」をつとめ、鑑理と共に宗麟を絶頂期へと押しあげた功名の将であった。

写真４　戸次道雪肖像（福厳寺蔵、柳川古文書館提供）

とくに、軍事における功績は群を抜いている。二度に及んだ立花鑑載の謀叛鎮圧に出陣し、高橋鑑種の叛乱にも出兵し、多くの離反者を敗北させている。

元亀二年（一五七一）七月、宗麟は道雪をみこんで立花城の城督にすえた。

形の上では、大友氏六代貞宗《さだむね》の次子貞載《さだとし》（さだのりとも）を始祖とする名門「立花城家督」を継承させたのだが、道雪は生涯、立花姓を名乗らず、戸次姓で通している。「立花」を名乗るのは、次の宗茂の代になってからのことであった。

一説に、相次ぐ重臣の離反、裏切りに神経質となった宗麟が、道雪に「立花」を継承させておきながら、「立花」姓の使用を許さなかった、ともいわれている。

雷を斬った道雪

〝立花道雪〟と一般に呼ばれる戸次道雪（諱は鑑連）は、紹運の父・吉弘鑑理につづく、大友家随一の闘将、猛将と、周囲には理解されていた。

なにしろその武勇は、遠く甲斐国（現・山梨県）まで響いており、「一度会うてみたいが、あまりにも遠く離れているゆえ、それもかなわない」とかの名将・武田信玄が言って、道雪に、「何とかお会いできないものだろうか」と手紙を送ったという逸話が残っている（『浅川《あさかわ》聞書《ききがき》』ほか）。

また敵陣に、「参らせ戸次伯耆守（道雪）」と書いた矢を射込むと、その勇名に恐れをなした敵兵は、それだけで大混乱に陥り、直後に突撃してきた道雪の本隊に、あっけなく蹴散らされたという。

そんな道雪であるが、人生の後半は駕籠（輿《こし》とも）に乗って、戦の指揮を取っていた。

「若かりし時、雷に震《うた》れ、足痿《あしなえ》歩行心《こころ》に任せず、常に手輿《てごし》に乗れり」

と『常山紀談』にある。

『名将言行録』ではその原因を、「雷切《らいきり》」の逸話で説明していた。

一説に、天文十七年（一五四八）六月五日のこと、と伝えられる。当時三十六歳（他説もある）の道雪は、宗麟の九州制覇の戦に重用されていた。

その日はとても暑く（旧暦の六月は真夏）、道雪は大木の下で涼み、昼寝をしていたという。

すると一天にわかにかき曇り、急な夕立と激しい雷が襲いかかった。雷が鳴っているときに、大木の下に居るのは危ない、と道雪も知ってはいたが、彼は「面白い、一つ雷と勝負してやれ」と、枕元に立てかけていた千鳥の太刀を抜き、身構えた。まさにその時、大木に雷が落ち、道雪は、「やあっ！」と斬りつけ、確かな手応えを感じながら飛び退いた。

しかし雷は斬られながらも、なお道雪を撃ち、その脚を立たなくしてしまったという。

後日、刀を見ると、切っ先に変色した箇所があり、確かに（雷神）を斬ったということから、以来、「雷切の太刀」と呼ばれるようになったという。

この「雷切」は婿＝養子の立花宗茂に譲られ、宗茂の代、あるいは次代の忠茂に脇差として磨り上げられて、現在も立花家史料館に現存している。筆者も度々、拝見した。興味のある方はご覧いただきたい（無銘・雷切丸ともいう）。

脚が不自由になった後も、道雪の勇猛さは以前とまったく変わりがなかった。

二尺七寸（八十センチ余）の太刀（「雷切」か）と鉄砲一挺を駕籠に入れて、腕貫《うでぬき》（腕を入れる輪）を付けた三尺（約一メートル）の棒で、駕籠（輿《こし》とも）を「えい、とう、えい、とう」と叩きながら拍子をとり、進軍の指揮を取った。

戦局が劣勢になると、常に自らの駕籠を最前線に突っ込ませて、「生命が惜しい者は、わが輿を置いてそのまま逃げよ」と督戦した。大将の乗った駕籠を置きざりにして逃げたとあっては、武士の名折れである。皆、死に物狂いで戦い、ついに勝利を手にしたという。

道雪の「生い立ち」を『名将言行録』は、次のように述べていた（同様に筆者、書き下す）。

> 鑑連（道雪）は幼名を八幡丸といい、成長するにしたがって、その穎敏《えいびん》（悟りが早い、すぐれて賢い）驍勇《ぎょうゆう》（強く勇ましい）は類を絶した。家士を育み、領民を恵み、彼の恩恵はなにによらず細部にまで行き届いていた。

大永六年（一五二六）、鑑連は十四歳のおりに父の名代として（正しくは、父の死を受けてか）、わずか三千人の兵を率いて、佐野《さの》弾正親基《ちかもと》、問田《といだ》豊前守《のかみ》重安《しげやす》ら五千余人が大内氏に降り、馬ヶ岳城に立て籠っていたのを攻めてこれを降した。

以後、彼の挙げた大小の戦功は数えきれぬほどである。

宗麟を諫めた道雪

道雪といえば、戦場での勇猛果敢さがことのほか強調される傾向があるが、一方で彼ほど主家の大友氏を思い、主君宗麟への忠義に篤かった武将も珍しかったのではあるまいか。

道雪は高橋紹運と同じ思考の人であったが、年齢が宗麟よりも十七歳年上であり、紹運が己れの士魂に殉じたのと比べると、主君宗麟への諫言もしつこく行っていた形跡がある。

筆者は道雪が立花城に移ったのも、宗麟との確執――道雪を宗麟がけむたく思ったがゆえではなかったか、とも疑ってきた。『名将言行録』に、「大友義鎮を諫める」と題する、次のような挿話が述べられている。

永禄年中（一五五八～六九）は、義鎮（宗麟）の武徳で九国二島は戦争がなくなったといってよい。そのためか、以来、義鎮はいつとはなしに酒に溺れ、女色に耽《ふけ》るようになり、昼夜を分かたず女たちのいる奥にばかりあって、少しも表の侍所に出ようとしなかった。

それゆえ老臣たちが、何度、登城しても（宗麟に）会うことができない。

それでいて義鎮は、忠勤を励んでもいない者に賞を与えたり、罪のない者を罰したりすることも少なくなかったのである。そのとき鑑連が思ったのは、〝君ニ諫臣無ケレバ、則《すなわ》チ其《そ》ノ国必《かなら》ズ亡ブ〟ということであり、何とかして諫言しようと毎日のように、（道雪は）登城したものの、義鎮は奥にばかりいるので対面することができない。

どうしたものかと（道雪は）考えあぐねていたが、そのうちにある計画を思いついたのであった。鑑連は踊り子を大勢集めると、日夜、彼女らを踊らせてこれを見物した。

義鎮は鑑連が踊りを日夜見物していると聞き、鑑連は元来、月見や花見、酒宴・乱舞といったものは大嫌いであったはず。それが踊りを好んでいるとは不思議なこと。多分、わしに馳走《ちそう》する（もてなす）つもりかも知れぬ。それであればひとつ、見物をしてみようか、という気になった。

鑑連は義鎮が来たので大いに喜び、三拍子という踊りを三度も（踊り子に）踊らせ、義鎮の機嫌のよいのをみすますと、四方山話をしながら、頃合いをみていった。

「さて、畏多《おそれおお》いことですが、お色好みはなにとぞ思い止まって下さいませ。ご先代義鑑公の御代には、ご領内にさえも狼籍者がいましたが、屋形様（義鎮）は若年ながら、なにごとによらず、安泰に治められたのは、偏《ひとえ》にこの間のご政道が正しく、ご威光があったからでございます。

　ところが最近は、すべてを放り出し、奥にばかりいて何事も聞こうとはなさりませぬゆえ、六ヵ国の情勢について報告申し上げることもできません。ことに近年は、毛利陸奥守元就は門司城での合戦で利を失ったので、この大友家を恨み、さまざまな武略をめぐらして、当家の隙を窺《うかが》っていると聞いております。にもかかわらず、現在の有様では旗本の中からさえも、恨みを抱く者がでてきて、またもや兵乱が勃発することにもなりかねません」

　そして、昔からのいろいろな例も引いて、

「このようでは当家も滅亡かと思い、日夜案じ、涙のかわく暇とてなく、きわめて残念なことと存じております。なにとぞ、国のため、御身や子孫、また家臣のために、よくよく深慮のほどを……」

　と言葉を尽くし、涙を流して諫めたところ、意外なほどに（宗麟には）感銘を与えたようで、翌日、恒例の七夕の御儀というので諸侍が登城すると、例年の儀式どおりの対面がなされた。そのため、国中のすみずみまでが、鑑連の諫言を喜び合った。

道雪の将帥学《リーダー》

右の挿話は、印象として、先にみた武辺・武略一途な紹運に比べ、道雪は年齢的にも齢《よわい》を重ねている分、重厚感があり、思慮深い人に思われた。

年月は記されていないが、おそらくは宗麟が毛利氏の攻勢が止み、ほっと一息ついた時期かと推測される。筆者はこういう諫言もあり、道雪は立花城に飛ばされたのではないか、と勘ぐったわけだ。

無論、落日の大友氏にとって筑前・筑後は生き残りを懸けた要衝（大切な地点）であったことはいうまでもない。『名将言行録』の「鑑連の武勇と士卒愛」という挿話に、「鑑連（道雪）は武勇たくましき人物であったが、部下の士卒をみることも、また、自身の子を愛するがごとくであった」とある。

駕籠に乗っての戦法を述べたあとで、道雪は次のようにいった。

「本来、弱い士卒というものはいない。もしそのような者がいたなら、その者が悪いのではなく、その大将が当人を励まさぬところに罪がある。わが士卒はいうまでもなく、ごく低い身分の低い者でも度々の功名をあらわしている。他家に仕えて後《おく》れをとった（負けたと思う）士卒がいれば、わしのところで仕えるがよい。見事に立派な士卒にしてやろうぞ。〈後略〉」

道雪は具体的な家臣の名をあげたうえで、次のように励ました。

たまたま武功のない士がいるときには、武功とは運不運のあるもの。そちが弱くないことは、わし（道雪）がよく知っている。明日にでも戦に出たとき、人にけしかけられたからとて、抜け駆けして討死するようなことをしてはならぬ。それは不忠というものだ。

長生きをしてこの鑑連（道雪）を、いつまでも見守ってほしい。その方たちを率いておればこそ、この年老いた身で敵の真っ只中にあっても、ひるまないでおられるのだ、といいとも懇《ねんご》ろ（非常に）に親しく話しかけた。また、それらの者と酒を酌みかわし、当節流行の武具を取り出して与えたりしたので、これに励まされて次の戦のおりには、必ず人に後れをとるまいと（士卒は）勇み立ったものである。

さらにまた、少しでも武者ぶりのよくみえる者には、(周囲の)人々に、彼をよくみろ、この鑑連のいったとおりだ、といい、その者の名を呼んで、しっかりと頼んだぞと励ました。そして、人々がこのように心をあわせてくれるので、この鑑連はまことに幸せ者だ、という。もし、若い士が客席(接待)などで失敗したようなときでも、鑑連はその者を客の前に呼び出して笑いながら、

「某の家臣が不調法をしましたが、この者は戦に臨めば見事な活躍をします。また、槍を持たせれば、この者はわが家中で随一でありましょう」

といい、槍をつかう真似をして誉めた。

万事がこのようであったので、家臣たちは深く感銘を受けて涙をながし、鑑連のためなら生命を捨ててもよい、と思い励んだのであった。

道雪の凄味と宗茂への教育

ただし、道雪は〝懈怠《けたい》〟(怠《なま》け、怠《おこた》ること)を決して許さなかった。任務(つとめ)をいいかげんにする者、軍律をおろそかにする者には、峻烈な態度で臨んでいる。

次も、『名将言行録』にある、「戦陣離脱者を成敗」で語られた挿話である。

鑑連（道雪）が筑前の川原崎（現・福岡県久留米市付近）で蒲池《かまち》（筑後蒲池氏）と対陣したときのことだ。鑑連は、越年のために密かに立花に帰った家来が三十五人ある、と聞いて、直ちに討ち手（追っ手）を三十五人派遣することとし、彼らの在所に帰った者で、親のある者は親子ともども成敗するように、と指示を与えた。家老たちは、親まで成敗せずともよいのではないですか、と取り成したが、鑑連は否、戦場を逃げて帰るような倅《せがれ》に在ったからには、当然、その親も同罪である、といって、親子ともに成敗させたということである。

それにしても、歴史は俯瞰《ふかん》して（高い場所から見おろすように）ながめると面白い。賢君から暗君へ、大友宗麟が暴君化する途次、それを諫言する戸次道雪を煩わしく思い、彼を立花城に遠ざけたことが、道雪を尊敬していた高橋紹運と近づけることになり、二人の結びつきは、この良将二人の結晶のような、名将・立花宗茂を誕生させることになった。

〝九州三国志〟は大友宗麟にはじまり、立花宗茂に終わるというのは、この角度からも正しいように思われる。

もっとも、いかに宗茂が天賦《てんぷ》（生まれつき）の才に恵まれていたとしても、武将は育てられ方、環境によって、良将にも凡将、愚将にも成った。

物心がつく頃から、日々、至誠を絵に描いたような、父の言動に鍛えられていた宗茂は、やがて父の導きであろう、道雪と出会う。幼少期の宗茂について、その動静を明らかにできる一次史料は、皆無といってよい。やはり『名将言行録』頼り、とならざるを得ない。その「宗茂の幼時」の中に、宗茂自身が後々まで語っている逸話があった（以下、現代語訳）。

「某（宗茂）が九歳のときだ。道雪と一緒に飯を食していて、鮎《あゆ》をむしって食べたところが、それを道雪がみていて、〝武士らしきところがない。女のような所作では役に立たない〟と殊《こと》のほか叱られたことがあった」

これは上品に、丁寧に箸を使って口に運ぶ宗茂のさまが、戦場ではものの役に立たない、武士ならばなぜ、頭からかぶりついて食わぬか、と道雪はいいたかったのであろう。

同様に、十三歳の宗茂が道雪に従って、毬栗《いがぐり》（毬に包まれたままの栗の実）が多く落ちているところを歩いていたおりの挿話も、広く世に知られている。宗茂は回想していう。

「栗の毬が足にささったので、これを抜いて欲しいといったところ、由布源五兵衛《ゆふげんごひょうえ》（惟信《これのぶ》、美作入道、のち雪下《せっか》）が走り寄ってきて、抜くどころか逆に、もっと（足へ）押し込んだので、ひじょうに痛かったが、そうともいえず大いに難儀したことがあった」

おそらくこの時の宗茂は、涙目となっていたに違いない。大声で泣いて抗議したかっただろうが、道雪のこちらを見ている目が恐ろしくて、声も出せなかったのであろう。これも、立派な戦国武将になるための教育であった。戦場にあって、苦境に追いつめられても、誰も助けてはくれない。忍耐して、自らの心身を鍛える以外に、生き残る道はなかったのである。

「困《こん》は窮《きゅう》して通《つう》ず」（『易経《えききょう》』）

苦しむことは、誰しも嫌うことではあるが、困窮してこそ、次に打開の道が通じているのだ、と古は教えていた。「艱難《かんなん》、汝を玉《たま》にす」（苦労を重ねて、はじめて人は大成する）である。時代であろう、昨今、大切なわが子に苦労を強いる親はいない。当然であろう。

しかし、親はいずれ子より先にこの世を去らねばならない。己れの死後まで、わが子を見守り、助言し、庇うことはできない。子供が独りになったとき、世の中で生きていけるだけのものを、親は伝えられたかどうかが、その時になって、はじめて問われることとなる。

紹運は文武を徹底して、わが子宗茂に叩き込んだ。道雪もまた、しかりであった。

宗茂の修めた剣術はタイ捨流、開祖は丸目蔵人佐

『名将言行録』には、十一歳の宗茂が立花山に遊びにいったおり、道雪が「血気の壮者」を呼び寄せて、弓を射させてなお、宗茂に「そちはまだ幼いゆえ、弓をうまく射られまい」と挑発する話が載っている。

宗茂はすぐに傍《そば》の弓を引いてみせ、「これは弱い弓ですね」と、道雪の背後にあった床の上の剛弓を借り、それをいきなり射て、四本中三本までを的に命中させたという。

〝武〟に関して前述の弓と共に、特筆しておきたいのが、宗茂の剣術修行である。

まだ先の話だが、文禄五年（一五九六）の十月、宗茂は丸目蔵人佐長恵《ながよし》から、タイ捨流剣術の免許、印可状を授与されていた。ちょうど朝鮮出兵の再征（慶長の役）が行われる時期にあたった（第三章参照）。このとき、宗茂は三十歳である。

偶然のことながら、筆者もこのタイ捨流剣術を十三代宗家・山北竹任《やまきたたけのり》先生について、二十代半ばから修行した。免許をいただいたのが四十二歳のとき。宗茂はおそらく、幼少から学んでいたに違いない。

タイ捨流の開祖・丸目蔵人佐は、その評され方が宗茂と似ていた。世に天下の新陰流兵法《しんかげりゅうへいほう》（俗称・柳生《やぎゅう》新陰流）と日本国を二分し、「西日本一」と謳われていたのである。

蔵人佐は肥後国球磨《くま》郡の領主・相良家の家臣の出で、この主家は鎌倉期、源頼朝の命により、遠江国相良庄《のしょう》（現・静岡県牧之原市）から移封され、以来、球磨をはじめ八代・葦北《あしきた》・下益城《しもましき》・天草《あまくさ》の各郡を領した旧家であった。天文九年（一五四〇）に蔵人佐は、この相良家の家臣・山本与三右衛門の嫡男として、八代郡人吉《ひとよし》（現・人吉市）に生まれていた（徳川家康より二歳年上）。

山本家は相良家の流れで、十三代の遠江守定頼《さだより》の三子・兵庫允頼春《ひょうごのじょうよりはる》の後胤《こういん》といわれ、他説には薩摩国伊集院から肥後に移住し、相良家に仕えたともいう。なにぶん、戦国乱世のことであり、文献的な裏付けはこちらも難しい。

明らかなことは、序章に登場した相良義陽（一五四四～八一）の代に、この家は近隣併合を活発に企てたことであろう。十二歳で家督をついだ義陽は、上村頼興《うえむらよりおき》の後見を得て、大隅国大口城《おおくち》（現・鹿児島県伊佐《いさ》市大口）を入手。永禄二年（一五五九）の球磨獺野原《うそのばる》（現・熊本県球磨郡多良木町黒肥地《たらぎまちくろひじ》）の内戦を経て、ついに三郡を統合。同五年には日向国真幸院も入手し、永禄十一年には薩摩国の島津義久と大口初栗野に激戦を交え、大勝をあげ、大いにその武威を誇っていた。

当然、相良家では尚武《しょうぶ》の風が盛んで、蔵人佐も少年の頃から剣槍を好み、前述の大隅大口＝弘治《こうじ》元年（一五五五）の大畑《おこば》の合戦に初陣《ういじん》して戦功を挙げ、このおりに主君から丸目姓を賜ったという（異説もある）。

蔵人佐は十七歳で出郷すると、天草本渡《ほんど》城主・天草伊豆守種元《いずのかみたねもと》のもとに寄寓《きぐう》。目的は兵法修行にあった（丸目家『丸目由来記』）。伊豆守は義陽麾下の勇将であり、一方、室町の世に流行《はや》りはじめた兵法に通じている武将でもあった。本渡に滞在すること二ヵ年余、蔵人佐は腕に満々の自信をつけると、十九歳で上京を企てる。しかも、その目的は兵法修行――天下に生命懸けで、己れの武名をあげようというのだから凄まじい。

〝上泉四天王〟の一人

結果、〝天下一〟と称されていた新陰流・上泉伊勢守信綱《かみいずみいせのかみのぶつな》の門弟になったという。ときに、永禄元年（一五五八）のことであった、と諸書にある。が、これは記録違いであろう。伊勢守信綱は上野国《こうずけ》（現・群馬県）箕輪《みのわ》城を武田信玄に陥されてのち、永禄六年以後に上洛したとするのが定説となっている。おそらく蔵人佐は、上洛して畿内の諸流派を歴訪し、ときに他流仕合《じあい》をして、その過程で信綱の剣声に接したのだろう。

江戸後期の『本朝武芸小伝』他の文献に、蔵人佐を京都（朝廷）の「北面《ほくめん》の武士《ぶし》」と述べたものがあるが、相良家は名門であり、官位昇進も含めて、蔵人佐が主命で上京、北面の武士を一時つとめた可能性はなくはない。
いずれにせよ蔵人佐は、京都でかなりの剣名を得たのち、新陰流の門をくぐったのは間違いなさそうである。その証左に、疋田豊五郎《ひきたぶんごろう》、神後伊豆守宗治《じんごむねはる》、柳生石舟斎宗厳《せきしゅうさいむねよし》といった信綱の高弟とともに、門下の〝四天王〟と称されるまで、わずか数年しか要していない。
相当な剣技を、すでに身につけていたことが推測される。なにしろ永禄年間（おそらく永禄六〜八年）に、信綱が室町幕府十三代将軍・足利義輝《あしかがよしてる》の命で、兵法を上覧することになったおり、蔵人佐は師・信綱の仕太刀《したち》に対する打太刀《うちたち》をつとめている。さらには、〝剣豪将軍〟とも称された、一流の使い手でもあった義輝から、感状ももらっていた（現存している）。

今度上泉伊勢守兵法始而《はじめて》見申候、無比類《ひるいなき》儀不及是非《ぜひにおよばず》候、就中《なかんずく》、丸目打太刀執心故《ゆえ》、所作柄、是又天下之可為調宝《ちょうほうとなすべく》候、猶《なお》期再会之状如件《くだんのごとし》。

六月十八日

足利義輝の花押

丸目どの

将軍義輝に「調宝《ちょうほう》」（ととのう宝）といわれた蔵人佐は、永禄十年に師の信綱から新陰流の印可を得ている。極意の「殺人刀太刀《せつにんとうたち》」と「活人剣太刀《かつにんけんたち》」の二つで、前者は他人に教授してもいいが、後者は秘事であり伝授してはならぬ、と信綱は言ったという。

蔵人佐は誓紙を入れた。先にみた、薩摩の島津氏に大勝した翌年のことであった。故郷の人吉に錦を飾って帰国した蔵人佐は、相良家の家中やその子弟の兵法指南をつとめた。『相良文書』によれば、その数は実に十七人にも及んだとか。まさに蔵人佐は、己れが相良家を背負っている、との自負心を抱いたとしてもおかしくはなかった。

そうした彼を主君義陽は、永禄十二年正月、肥薩国境に近い大口城の守備につける。ところが蔵人佐は、自らを過信してか挑発に乗り、打って出てしまい、名将・島津義久の罠《わな》に嵌《は》められて敗退。相良家は砥上《とがみ》の戦いに敗れ、大隅大口城を失う羽目《はめ》になる。

義陽の不興《ふきょう》を買った蔵人佐は、永らく出仕を差し止められることとなった。

相良家の盛運は、この敗戦から翳《かげ》りをみせはじめる。天正七年（一五七九）に水俣で島津勢と戦い、どうにか戦線を維持したものの、二年後には島津の大軍に囲まれ、葦北郡の割譲と益城の甲斐氏を攻撃する条件をのむことで、ようやく和睦に漕ぎ着けるありさま。

もはや、かつての相良氏の栄光はなかった。義陽本人も、そのことを自覚していたようだ。天正九年末の益城響《ひびき》ケ原《がはら》（現・熊本県宇城市豊野町糸石）の合戦で討死を遂げてしまう。

空白期間に宗茂を鍛えた丸目蔵人佐

この間、蔵人佐の消息は皆目伝わっていない。一説に相良・島津両家の角逐《かくちく》に、二度までも軍功を挙げたともいうが、そのわりには相変わらず、主君に目通りを許されていない。

筆者はこの蔵人佐の空白期間――彼は紹運、道雪のもとで宗茂を鍛えていたのではないか、と推論してきた。〝生涯不敗〟の伝説を可能にした宗茂の強さは、戦場において彼が一度も後れをとらなかったことを物語っていた。宗茂は一人の武者としても、強かったことになる。

――師の丸目蔵人佐といえば、次のような晩年の、語り伝えが著名である。

所用があって江戸へ出た蔵人佐が、徳川家の剣術指南役となっていた柳生但馬守宗矩《たじまのかみむねのり》を訪ねて、仕合を申し込んだというもの。宗矩の父・宗厳（石舟斎）は、蔵人佐と同門。二人の剣技は、門下で他を圧倒していた。宗矩も蔵人佐を粗略に扱うわけにはいかない。が、将軍家指南役の立場上、仕合は迷惑千万《せんばん》なこと。

そこで、宗矩はいった。

「天下に名のある達人は、貴殿と私の二人だけと思っている（二人の年齢差は三十二）。勝敗を争って、うち一人を失うのは、まことにしのびがたい。よって貴殿は西の兵法日本一、私は東の兵法日本一、それでいかがであろうか」

蔵人佐は納得して、仕合を見合わせたという。先の「西日本一」の初出の一つ。

これにはつづきもあって、ほどなく徳川家康がこの一件を耳にし、両者を称賛したというのだ。この挿話《エピソード》にはさらに、尾鰭《おひれ》がつき、後日譚が生まれていた。

かつて蔵人佐は、京の愛宕山《あたごやま》、誓願寺《せいがんじ》、清水寺《きよみずでら》に高札を立て、〝天下一〟を称して、真剣勝負を世の武術自慢に挑んだことがあった。挑戦者はついに現われなかったが、このときの高札が、その後も清水寺に残されていたというのだ。

寛永六年（一六二九）九月十日、清水寺が炎上したため、焼失してしまったというのだが、さらなる尾鰭とは、この火災、将軍家指南役となった柳生家が、蔵人佐の高札を入手し、破却しようとしたが思うにまかせず——蔵人佐との天下二分の誓約もあって——体面上、己れの流名を守るために、同寺に火を放ったというのだ。

もちろん創り話だろうが、もし、蔵人佐が宗矩を訪ねるようなことがあったとしても、〝話〟は泰平の世——幕藩体制下のことと考えられる。

やはり蔵人佐は、伸び盛りの少年宗茂を指南していたのではあるまいか。紹運も道雪も、蔵人佐と関わりがあったように思われる。それはタイ捨流の布教が九州一圏に及んでいることが証明していた。

タイ捨流は九州全域に広まり、南の薩摩では東郷重位《とうごうしげかた》（ちゅういとも）の示現流《じげん》を採るまで、タイ捨流を島津家の流儀としている。豊後の大友家はむろん、肥前、筑前にまで、蔵人佐の剣流は興隆していた。

ちなみに、薩摩藩島津家のお家流・示現流剣術は、タイ捨流の天の構え（上段八相《じょうだんはっそう》に似たもの）を土台に、諸々工夫されたものである。

長い空白を挟んで、晩年の蔵人佐はその存在を、郷里で確認されるようになる。

時代は移り、長い戦国乱世も終わって、徳川幕府の天下泰平となった時、彼の主家の相良家はどうにか本領二万二千百石余を安堵され、藩主は相良長毎《ながつね》（頼房《よりふさ》）の代に移っていた。

蔵人佐は揚がる剣名のおかげで、先代義陽のおりの大口城での失敗をようやく許され、主君長毎のもとに出仕すると、新知百十七石を与えられ、人吉藩相良家の剣術指南役となる。

タイ捨流は、宗茂の性格に合っていた？

ところで、上泉門下屈指の高弟にもかかわらず、蔵人佐が新陰流を名乗らなかったのは、柳生宗矩が師の流儀を継承したからだ、との説がある。なるほど、伊勢守信綱の高弟たちは揃って、別の流名を名乗った。疋田豊五郎は槍術を中心に疋田陰流を、神後伊豆守は神後流を、ほかにも穴沢浄賢《あなざわきよかた》は薙刀《なぎなた》をもって穴沢流を、宝蔵院胤栄《ほうぞういんいんえい》は槍をもって宝蔵院流を、それぞれに創案して、流祖となっている。

もっとも、柳生の新陰流が「剣禅一如《けんぜんいちにょ》」——剣と禅宗とが対《つい》になっているのに比して、タイ捨流は山岳信仰、密教との結びつきが強かった。精神的背骨が、異なっていたといえる。

タイ捨流は、〝九州〟を感じさせた。

技法も、より戦国乱世の実戦向きであった。蔵人佐は幾度もの合戦の、実体験から、甲冑《かっちゅう》武士を倒す独自の刀法を工夫していた。それが「新陰タイ捨流」となり、「タイ捨流」となったとも伝えられている。

この流儀の、独特な構えを見ればよい。タイ捨流の伝承される大太刀形「表《おもて》」「八ケ《はっか》」「嵐《らん》勢《せい》」など十三本、小太刀形「鋒縛《ほうばく》」「朴解《ぼくかい》」など四本、終結の形として「刀刀載《とうとうさい》」の計十八本。ほかに「抜刀」「足蹴《そくしゅう》」「逆握」など五本の組太刀、居合の形七本があるが、それらの構えはことごとく斜《しゃ》であり、斜《なな》めから斬り上げ、斬り下げる独特の八双《はっそう》を用いているのが、タイ捨流＝蔵人佐の独自の工夫であった。

剣の極意は、いかに速く相手を斬るか、それ以外にはなかった。

「斜が一番速い」と蔵人佐は悟ったようだ。「初発力」――心の〝惑い〟を捨て去り（捨身）、一刀で勝敗を決す。〝斜〟は「捨」の中に隠れた。このあたり、筆者はタイ捨流こそ、宗茂にふさわしい剣術流儀だった、と確信してきた源である。

そのうえ蔵人佐は、「タイ捨」とわざわざカタカナの「タイ」を用いている。

「漢字の体、対、待、太などの字を使うと、その文字に囚《とら》われてしまいますもんな」

とは、いまは亡き、わが師＝十三代宗家・山北竹任先生の言。

――蔵人佐はほどなく、藩主長毎の許しを得て隠居し、徹斎《てっさい》と号した。

彼のタイ捨流は、次女が嫁した山本八左衛門光興《みつおき》が継承。八左衛門はのち、寛永十八年（一六四一）十一月、四十三石を加増され、蔵人佐のときからの石高と併せて百六十石を領する。

隠居の身となった蔵人佐は、相良家から切原野《きりはらの》（現・熊本県球磨郡錦町）に土地を賜り、ここへ移り住むと、原野の開墾に従事した。大谷《おおたに》（現・熊本県球磨郡相良村）から水を引いて二町余歩を、曲谷《まがりだに》（現・同上）からの引き水で三町余歩の水田を拓《ひら》き、水利の悪い地でも六反余の畑をつくっている。

また、大藪《おおやぶ》（現・同上）という地に真竹を植え、杉や檜《ひのき》などの造林にも励んだ。

往年の、名声を求めて京・江戸を往来し、数々の死闘を重ねた、剣一筋に生きた人間とは思えぬ、穏やかな農夫としての、静かな余生であった。

七十二歳の蔵人佐のもとへ、二十九歳の宮本武蔵が仕合を挑みに来て、「遠く我らの及ぶところにござらぬ」といって、去って行く小説をだいぶ以前に読んだことがあるが、これは根拠のないものであった（海音寺潮五郎著『おどんな日本一』という小説の、蔵人佐の性格設定も、同断である）。

寛永六年二月七日、徹斎こと蔵人佐は九十歳をもってこの世を去った。ちょうど宗茂が、文人として江戸城で活躍している頃に相当する（彼はこの年、六十三歳）。

蔵人佐の法名は、雲山春龍居士《うんざんしゅんりゅうこじ》。墓は彼自らが拓いた切原野の堂山《どうやま》に、今も存在している。タイ捨流剣術は熊本の地に根づき、今日まで無事継承されている。現在の宗家は、わが師山北先生の孫にあたる、十五代の上原エリ子氏である。

冷静さに情と優しさを兼ね備えていた少年

宗茂がタイ捨流を、少年時代から修行していたと想定すると、次の『名将言行録』の「犬と太刀」が理解しやすいに違いない（以下、筆者現代語訳に改める）。

「のちに、忠義に厚い〝鎮西一〟の名将と謳われる宗茂は、戦巧者《こうしゃ》の冷静さに加え、情と優しさをも兼ね備えた、稀有な人物でもあった」

と述べられたつづきである。

まだ十二歳の少年だったある日、当時、弥七郎を称していた宗茂は、同年代の少年たちを連れて野へ遊びに出た。すると急に、猛犬が吠えながら、弥七郎らに襲いかかってきた。

恐れをなして逃げるかと思われた弥七郎は、少しも臆することなく太刀を抜くと、さっと飛び出して犬とすれ違いざま、刀を返して、棟《むね》打ち（峰打ち）に犬を打った。

犬は一声（キャンと）鳴くと、慌ててしっぽを丸めて、退散していったという。

この話を聞いた、父・紹運の反応が興味深い（以下、同右）。

「武士たる者、一度、刀を抜いたからには、相手を仕留めるべきである。なぜ、棟打ちなどして身を防ぎ、その犬を斬り殺さなかったのか」

と問うた。宗茂はただ笑って、

「太刀というものは、敵を斬るものと承《うけたまわ》っております」

と答えたという。

――犬は私にとって、敵ではありません。敵でないものを、むやみに殺生するには及びませぬ、というのが彼の言い分であったようだ。

いまでいえば、数え年で小学六年生（本当は四年生）に相当する宗茂――わが息子の、この落ちついた対処に納得した紹運は、親としてうれし涙を流しつつ、

「わが子ながら器量・雄才ともに抜群である。しかし長じてのち、自らのその才を誇るようなことをしてはならぬぞ」

と、釘をさすことも忘れなかったという。まさに、この父子らしい挿話《エピソード》といえよう。

その宗茂が十三歳のおり、父・紹運から何かの戯れに、「どうだ、そなたも出陣するか」

と声をかけられたことがあった。

二つ返事で飛びつくかと思われた宗茂は、慎重に言葉を選んで、次のように答えたという。

「お言葉がなくとも、お供したいところではありますが、私はまだ強健ではありません。このままの状態で戦場に出て、敵に出会えば腑甲斐《ふがい》なき死をとげることでしょう。あと一、二年もたてば、一方の大将として、ぜひにも出陣したいと願っております」

もし、この思慮深い言葉を、本当に宗茂が口にしたとするならば、彼には何らかの具体的な裏づけ——たとえば、剣の師・丸目蔵人佐からの助言——があったように思われるのだが、読者諸氏はいかがであろうか。

宗茂のもう一人の〝師〟伝林坊頼慶の可能性について

今一つ、蛇足を述べたい。

筆者は宗茂にはもう一人、偉大な影の〝師〟がいたのではないか、と推考してきた。

宗茂の〝強さ〟を探求していくと、どうしても〝忍び〟に関する技術の修得が、不可欠に思われたからである（具体例は第三章で述べる）。丸目蔵人佐の弟子で、師が留守のおり、かわって宗茂に兵法を指導した人物と置き替えてもよい。「徹斉（斎）翁直伝免許之衆」（丸目

家蔵）に、「伝林坊頼慶《らいぎょう》　片岡タイ捨二代目」の名があった。蔵人佐門下で、〝最強〟といわれた使い手である。右の文書には、

「岩屋山之修験道也《しゅげんどうなり》。徹斉（斎）死後六年目、永田盛昌に印可を渡す」

と添え書きがなされていた。

ちなみに、前述の「片岡タイ捨流」は江戸時代中期になって、剣客・片岡源之丞《げんのじょう》喜正《よしまさ》が名乗った剣術の流儀で、初代に蔵人佐、二代に伝林坊、三代に永田盛昌を数えていた（片岡喜正は七代となる）。

現在のタイ捨流の道統は、同じ伝書にある「神瀬軍助惟幸」を二代と数えている。

いずれにせよ、蔵人佐の高弟の中で、最後まで師のかたわらにあって生活を共にし、師の死後は丸目寿斎《じゅさい》（蔵人佐の弟）の隠居に十数年くらした、といわれる伝林坊だが、もともとは諸国の山岳を、度衆杖《どしづえ》（錫《すず》杖）を片手にかけめぐる山伏であったといわれている。

異説に、中国大陸の武術も身につけていたことから、明国の人とも疑われていた。

蔵人佐は新陰流の剣術のみならず、鎗（槍）、薙刀、居合、手裏剣など兵法と名のつくものの、二十余流の奥儀をきわめた、とされている。ほかに書道でも一家をなし、青蓮院宮《しょうれんいんのみや》の免許をもっていたともいうが、筆者がとりわけ注目しているのは、修得したものの中に、忍

びの術が含まれていたという点である。

人吉藩相良家の記録を丹念に調べられた、筆者の旧知でもある今は亡き渋谷《しぶや》敦《あつし》氏（熊本県文化財保護指導委員、錦町教育長を歴任された）は、伝林坊こそが相良藩の忍びを指導していた、と述べておられた。筆者もタイ捨流を修行中、山北先生より口伝《くでん》の忍法（とくに算術）を幾つも教授いただだいた。

筆者がこだわるのは、前述の伝書の添え書きにあった「岩屋山之修験道也」の一節である。「徹斉（斎）直伝後印可事」では「岩屋山伝林坊頼慶」とあった。

この「岩屋山」だが、これまで淡路島にあったものとか、東松浦《ひがしまつうら》郡相知《おうち》（現・佐賀県唐津市相知町相知）の鵜殿《うどの》の岩窟だとか、藤津《ふじつ》郡の嬉野《うれしの》（現・佐賀県嬉野市）だとかいわれてきたが、筆者は高橋紹運が拠った岩屋山こそ、と考えている。

次章でみるごとく、この山は〝九州男児〟の心意気、当時の九州中の武士を熱くした象徴の山であり、伝林坊と宗茂が師弟であるのなら、稽古をつけた思い出の山を名乗ったと考えてもおかしくはない。

筆者も岩屋山頂に登り、近くの紹運の墓所に参じたが、彼を敬慕する人々は、「令和」に入っても絶えることなく、墓前の供えものがそのことを雄弁に語っていた。

——ここ以外に、伝林坊の名乗りの山は考えられない、と思うのだが、読者諸氏の見解はいかがであろうか。

第二章　立花山での籠城

宗茂の初陣

天正九年（一五八一）の春、千熊丸こと宗茂は、十五歳で加冠《かかん》（元服）し、高橋弥七郎統虎と名を改めた。戸次道雪も当然、祝いの席には駆けつけたことであろう。

大友家は三年前の十一月、耳川の合戦で島津勢に大敗を喫し、その武威は一気に衰え、離反者・叛逆者はあとをたたず、筑前・筑後の大友最前線も合戦の止むゆとりがなかった。

この年の六月、筑後国生葉《いくは》郡井上城（現・福岡県うきは市）の町野《まちの》鑑景《あきかげ》（問註所《もんちゅうじょ》〈問注所とも〉一族）が筑前の秋月種実と力を合わせて、大友氏に叛旗をひるがえした。

宗麟が差しむけた朽網宗歴《くたみそうれき》（諱は鑑康《あきやす》）は三千余の兵をしたがえながら、鑑景と秋月勢に挟撃《きょうげき》され、筑後川まで引《ひ》き退くありさま。道雪と紹運に、さらなる出陣の命が下り、二人は穂波《ほなみ》郡石坂（現・福岡県飯塚市）で秋月勢と交戦、このおりが宗茂の初陣となった。

彼はどうだろうか、と注目の中、宗茂は自らに従う将兵を、父・紹運とは別に率いて、わざと陣を父から離したという。後見役の有馬伊賀に合流をいわれると、宗茂は、

「父と一緒に戦えば、私に従う兵は私の下知には従わないだろうから――」

理を曲げて、わが計略に任せよ、と答えた。

それを聞いた伊賀は、弱年であり戦馴れしていないのに、このような配慮をされるとは、天性、武将の器なのであろう、と喜んだという。

自ら一手をしたがえた宗茂は、はやる気持ちを抑えられず打って出ようとしたが、伊賀の「良将は進退の時を知り、暴虎（血気の勇に逸《はや》る者）は死んでも悔いはしませぬ」という諫めの言葉をきき、素直に思いとどまった。そのうえで、紹運の采配に従い、秋月の先陣を蹴散らして打って出る。

このおり宗茂は秋月の家人・堀江備前という大長刀《おおなぎなた》を振り廻す剛勇の者を、弓矢をとってその左手の掌《てのひら》を突き刺している。そこへ飛びかかって組み打ちし、家臣の萩尾大学に備前の首をとらせた。

タイ捨流は剣術のみならず、柔《やわら》、鎗《やり》、弓、薙刀、居合、手裏剣などに通じていることは、前章で述べた。宗茂はおそらく、日ごろの手練《てれん》（慣れた手並み）が思わず出たのだろう。

この初陣のおり宗茂は、

「唵《オン》婆《ソ》縛《バ》婆《ハン》縛《バ》称《シュ》駄《ダラ》薩《サラ》縛《バ》達《タラ》摩《マ》　婆《ソ》縛《ハン》縛《バ》婆《ハン》称《シュ》度《ド》憾《カン》　ソワカ」

〝次《じ》浄《じょう》三業《さんごう》直伝〟（己れの身業《しんごう》・口業《くごう》・意業《いごう》の「三業」を浄めるために、〈通常は手で結ぶ印相《いんそう》をともなう〉唱える明呪《みょうじゅ》＝真言《しんごん》）の護身法＝呪文を、心の中でくり返していたかもしれない。

これはタイ捨流剣法で相手に斬り込むときに、心に唱える心法《しんぽう》でもある。さぞかし宗茂も、初陣のおりには緊張し、内心は恐ろしかったに違いない。

あるいは、今日でもタイ捨流の稽古のおり、立てひざで刀を右脇に、剣先をまっすぐ立てて唱える、「摩利支天経《まりしてんきょう》」を口ずさんだかもしれなかった。

「天《てん》ショウジョウ（清浄《しょうじょう》）、地《ち》ショウジョウ、人《じん》ショウジョウ、六根《ろっこん》ショウジョウ、エイエイエイ」

丸目蔵人佐直筆による、「タイ捨流秘書」には、「摩利支尊天専《もっぱ》ら以て秘術を為《な》す者也」とあった。蔵人佐も父・紹運同様に、戦場での心得を教えたはずだ。

「意之内の心、第一なり。かか（懸）る時さこそ命のを（惜）しからん　かねてなき身ともひおかずば」（同上）

あとは無心となりて、捨て身で戦え、と。

摩利支天と不動明王

ちなみに、立花家史料館に展示されている宗茂の兜には、鉄の地金の厚い〝月の光〟が頭上に飾られているが、これは摩利支天の表象《シンボル》である。戦国武将の多くが帰依していたこの戦神・摩利支天は、古代インドの神であり、帝釈天《インドラ》と阿修羅《アスラ》が戦ったおり、日月をさえぎったという。一《いっ》に風神主とも梵天《ブラフマー》の子ともいい、日月の光の徳をもつ神とされてきた。

語義は威光・陽炎を意味し、それを神格化したという。形を隠して障難《しょうなん》（差しつかえ）を除き、利益《りやく》をもたらす。中世日本で摩利支天信仰を広めたのは日蓮といわれ、彼が行者の守護神として仰ぎ、戦国日本では軍神として広く受容され、とりわけその忿怒形《ふんぬぎょう》の顔が武士の守護神として厚く信仰された。

ところが江戸時代に入ると、無事泰平の世となり、摩利支天は蓄財と福徳の神として信仰されるようになる。

金色猪身《こんじきちょしん》の蓮華座《れんげざ》の天女《てんにょ》形。三面三目六臂《さんめんさんもくろっぴ》（三つの顔、三つの眼、六つの腕をもつ）または八臂で、宝塔を頂いて弓矢や金剛杵《こんごうしょ》（密教の法具で、杵《きね》に似て中央がくびれ、両端に刃がついている。外道悪魔を破砕し、煩悩を打ち破る役割をもつ）・羂索《けんさく》（五色の糸を綯《な》って作る仏具。端に半形の金剛杵や鐶《かん》＝指輪をつける）などを持ち、猪の背の半月上に乗る像などがある。

筆者の中では、京都妙心寺《みょうしんじ》聖澤庵《しょうたくあん》（現在の聖澤院《しょうたくいん》 京都市右京区花園）の絹本図が、摩利支天の像として定着している。

この摩利支天とよく間違えられるものに、密教の代表的忿怒尊——大日如来の使者ないしは化身とされる、不動明王《ふどうみょうおう》がある。こちらは坐像《ざぞう》と立像《りゅうぞう》があり、一面二臂像が主。中世では修験道の中心尊とされ、煩悩を断ち切る尊格《そんかく》（仏の性質、役割）として信仰された。

不動明王が、すべての悪と煩悩をおさえ、しずめて断ち切ることで、人を精神的に救うのに対し、摩利支天は、人に災いをなすものから、その身を隠す、消すことで、この世における難を逃れる存在と認識されていた。

蛇足ながら、タイ捨流と同様に、上泉伊勢守信綱から出た新陰流兵法――この伝承者・柳生宗矩（石舟斎宗厳の五男で徳川将軍家剣術師南）のために、沢庵宗彭《たくあんそうほう》が禅理をもって説いた教訓書に『不動智神妙録《ふどうちしんみょうろく》』（別名・『剣術法語《けんじゅつほうご》』）というのがあった。

沢庵は武術の心法に深い関心を持っており、剣の修行をすることによって、一切の迷いを離れて無心に働けるようになることを説いていた。合戦における、思いも同じ。無心の境地で戦い得るかどうか、にかかっていた。宗茂はこの心法を、すでに初陣で持っていたようだ。

秋月勢が崩れはじめると、道雪の采配によって宗茂もこれを追い、ついにこの石坂の戦いを制した（『高橋記』『薦野家譜』『翁物語』）。

宗茂の初陣を十二歳とするもの、十六歳とするものもあるが、いずれも敵方の堀江備前を射た挿話は共通していた。道雪はすでに注目していた宗茂の、端倪《たんげい》すべからざる初陣ぶりに、自らの養子にぜひ、と望むようになったという。

否、それ以前から道雪は、宗茂に注目していたはずだ。『名将言行録』には罪人を宗茂の前で成敗させ、それをこの少年にみせて、胸の動悸《どうき》をみたが、まったく動揺していないので、自らの養子に乞うた話が載っていた。

しかし宗茂は、高橋家の跡取りである。いかな尊敬する道雪の頼みとはいえ、紹運は快諾したりはしていない。五歳下の弟の統増ならば、とあるいは口にしたかもしれないが、道雪にはどうしても宗茂でなければならない事情があった。

女城主・立花誾千代

元亀二年(一五七一)七月、戸次道雪は筑前立花城に入って立花家の名跡を継ぎ、その四年後、紀伊入道道雪と号し、一人娘の誾千代《ぎんちよ》(当時七歳)に家督をゆずって、形の上では隠居となった。

彼女は道雪の三番目の室=筑後浮羽《うきは》郡長岩城《ながいわ》(現・福岡県うきは市)城主・問註所鑑豊《あきとよ》の娘に産ませた、道雪の一粒種であった。誾千代は永禄十二年(一五六九)八月十三日の生まれである。

彼女の母は、先夫・安武《やすたけ》河内守鎮則《しげのり》（大友家家臣）との間に、二人の子を成していた。そのうち男子は亀菊丸《かめぎくまる》といい、のちに筥崎宮《はこざきぐう》の座主《ざす》（大寺の首席となる僧）・麟清《りんせい》の養子となって、方清《ほうせい》と名乗り、自らも座主を襲っている。

写真５　誾千代像（良清寺蔵、立花家史料館提供）

猛将道雪の血を受けついだ姫・誾千代は、勝ち気で男まさりの娘に育った。文武をきびしく仕込まれた彼女は、日本史に記録された確かな女城主といえた。

のちに徳川家康が天下を取り、武家の相続はすべてが男子――それも嗣子と定められたが、平安時代から日本では中世を通じて、女性の相続権は〝公〟に認められており、誾千代より二歳年上（異説あり）の淀殿《よどどの》は、豊臣秀吉の愛妾であるとともに、淀城（現・京都府京都市伏見区）を与えられた女城主でもあった。

実は道雪は天正三年（一五七五）に主君宗麟－義統父子から、本来の戸次の家督を譲った、甥の鎮連《しげつら》の子のうちから、しかるべき男子の養子を求めて、「立花家家督」を譲るように、との勧めを受けていたのだが、道雪はこれを拒み、すべてを幼い誾千代に譲り、六月には宗麟父子から、その安堵を受けていた。

なぜ、自らの甥の子では駄目だったのか。おそらく当時九歳の宗茂に、道雪はすでに内心で、白羽の矢を立てていたからではあるまいか。

加えて、誾千代の怜悧な人となりを慮った可能性は高い。

彼女の肖像（柳川市西魚屋町の良清寺《りょうせいじ》所蔵）を見たことがある。なぜか時代の合わない十《じゅう》二単《にひとえ》を着ていたが、今日に伝えられる誾千代は、立ち居振る舞いに女性らしい優しさはなかったものの、整った眉目は輝くばかりに美しかった、とされてきた。が、見方を替えれば英邁《えいまい》活発は、かなりのジャジャ馬ぶりを表わしており、シェイクスピアを持ち出すまでもなく、乗りこなす――失礼。生涯の伴侶とするには、なかなかに難しい女性であった。

現に、いささか先走るようで恐縮だが、のち宗茂と一緒になったものの、二人には子供ができず、宗茂が関ヶ原のあと、浪々の身となる以前から、二人の間は疎遠となっていた。

いずれにせよ、立花家への養子、婿入りの眼鏡にかなったのが、宗茂ということになる。

それにしても紹運は、よくぞわが子を思い切ったものである。

普通、長子＝嫡男は家を継ぐもの。ましてや見どころがあるとなればなおさらで、わが家の後継者を他家に出すという例は、ほとんどない。にもかかわらず宗茂の養子入りが実現したのは、紹運－宗茂父子が、心から道雪を尊敬していたからにほかなるまい。

紹運にすれば、できることなら宗茂の弟で、次男の千若丸（統増）を養子に入れて決着をつけたかっただろうが、こちらはまだ十歳。誾千代より三歳年下で、おそらく彼女にやり込められてしまう、と危惧したのであろう。それでなくともこの〝鬼道雪〟の娘は、婿入りした宗茂を夫とは思わず、自らの城主の座を奪いに来た敵、と捉えた形跡があったほどだ。

宗茂の立花家入りの決意

それを知ってか知らずか、送り出す紹運はわが子に厳しく語りかけた。

『名将言行録』の「子宗茂への教訓」には次のようにある。


鎮種（紹運）は、子の宗茂が立花家（戸次家、当主道雪は立花城にあり）に養子にいくとき、別れの盃を交わしたのち、あらたまって宗茂に向かっていった。

「これからはわしを、夢にも親と思ってはならぬ。明日にもそちの養父・鑑連（道雪）と、武門の習いとして敵味方となろうものなら、そちは鑑連の先鋒となってわしを討ち取るがよかろう。鑑連というご仁《じん》は、未練な振る舞いをとくに嫌う人であるから、そちが不覚をとり、鑑連から義絶されるようなことにでもなれば、そのおりにはおめおめ岩屋城には帰らずに、潔く直ちに自害するがよい」

と。そして手ずから一剣を与えたのであった。宗茂は終生、この剣を父の形見と思って身から離さなかったという。

このおり、紹運が宗茂に与えたのが、重要文化財・備前長光《びぜんながみつ》の〝長光の剣《つるぎ》〟である。今も柳川市の立花家史料館に常設展示されている。

それにしても、と思う。どうして父は子に、ここまでせねばならぬものかな、と。

二十一世紀の今日では、考えられないような父と子の別れだが、人生において〝背水の陣〟をしくこと（もし失敗すれば滅びる覚悟で、事にあたること）は、時代を超えて必要な決断、決意表明なのかもしれない。

肥前佐賀の『葉隠』（関連第一章参照）に、次のようにあった。

武士道と云《いう》は、死ぬ事と見付《みつけ》たり。二つ〳〵の場にて（生か死かの選択を迫られたとき）、早く死方《しぬかた》に片付《かたづく》ばかり也。別に子細なし。胸すわつて進む也。図《ず》に当らず（立派な行いからはずれており）、犬死《いぬじに》など（と）いふ事は、上方風《かみがたふう》の打上《うちあがり》たる武道なるべし。二つ〳〵の場にて、図に当るやうにする事は不レ及《およばざる》事也。我人《われひと》、生《いく》る方《かた》がすき也。多分すきの方《かた》に理《り》が付《つく》べし。若《もし》図に迦《はず》れて生《いき》たらば、腰ぬけ也。此境《このさかい》（この考え方）危《あやう》き也。〈中略〉是が武道の丈夫（堅固なありよう）也。毎朝毎夕、改めては死々《しにしに》、常住死身《じょうじゅうしにみ》（常に死と一つになる）に成《なり》て居る時は、武道に自由（自在な境地）を得、一生越度《おちど》なく家職《やじょく》を仕課《しおお》すべき也。

筆者は立花宗茂の常勝、生涯不敗の根本に、この〝捨て身〟があったように思っている。

まず、生命を捨ててかかり、未練がましい発想を切り捨て、そのうえで最善と思われる戦略・戦術を駆使するのが宗茂であり、彼の学んだ道雪・紹運の思いでもあった。

だからこそ、三人の動きは俊敏であり、素早く適確に敵を倒せたのではないか。

「之《こ》れを亡地《ぼうち》に投じて、然《しか》る後《のち》に存し、之れを死地に陥れて、然る後に生く」（自軍をもう亡びるほかない、という局面に至って、はじめて軍のいのちを全うする働きが生まれ、死よりはほかに道のないところまで、追い込まれてこそ、はじめて生き残る働きが生まれてくるのだ)

といったのは孫子である。

「死地に陥れて而《しか》る後に生き、之れを亡地に置いて而る後に存す」(自軍を先ず絶体絶命の窮地に置けば、かえって生き残る道を見つけるものだ。人生の多くはそういうものだ)と前漢帝国を創業した名将・韓信《かんしん》も、同様のことを口にしている(兵家《へいか》のことば)。

戦国揺籃期の軍師・角隈石宗

筑前・筑後における三人の戦いぶりは、それ以前に豊後から出現し、全九州を支配する覇気と才覚を持った頃の、大友宗麟の〝軍師〟角隈石宗《つのくませきそう》と比較すると、よりわかりやすいかもしれない。

石宗は日本の戦国中期の、揺籃《ようらん》期に出現した〝軍師〟といってよかった。

わが国の兵法は源平争乱、蒙古襲来、南北朝の抗争を経て、室町中葉の応仁の乱を経験する。そして戦国時代に突入すると、ついにはこれまで金科玉条《きんかぎょくじょう》とたてまつってきた中国古兵法を凌駕し、独自の日本軍学を築くことになった。

中国古兵法が吉凶を占い、卜筮《ぼくぜい》を施す原初的作法からついに抜けきれなかったのに比べ、日本の戦国武将は領国の確保・拡大に緊張を強いられる連続から、かえって精神力や現実思考によって、それまでの陰陽道による軍配一辺倒を克服、または逆利用する領域に達する。その過渡期において石宗は、加持《かじ》・祈禱《きとう》・占卜《せんぼく》を施す旧時代の〝軍配者〟でありながら、一方で臨機応変に現実と即応する合理性を持つようになった新時代の〝軍師〟でもあった。通称を越前守。石宗は、主君宗麟のかかわった合戦の、ほとんどすべてを占ったと伝えられている。実は、戸次道雪とも深い交流のあった人物であった。

南北朝を経て、応仁の乱を経験した現世の武将たちは、この頃、徐々に神仏への敬虔《けいけん》さを失い、利己主義、合理主義に目覚めはじめていた。それが下剋上の活力《エネルギー》ともなったのだが、こうした志向性に傾いた要因の一つに、合戦に動員される将兵の数が、この時期、飛躍的に増加したことがあげられる。それまでは一族内のもめごとで、多少の戦死傷者を出す程度であったものが、兵数の飛躍とともに、戦死傷者も桁外《けた》れに増えた。

一方で、鉄砲という近代兵器が出現。城郭もそれに応じて、堅牢なものとなっていく。

こうした移りゆく時勢のもと、合戦の立案・遂行にたずさわる〝軍配者〟は、加持・祈禱・占卜の神通力を失い、その出番を縮小される傾向が生じた。まして、妖術・幻術を使ったとされる石宗には、新しい時代の潮流はさぞ、対応しにくいものであったに違いない。

『大友興廃記』によれば、石宗は空から脇差を降らせることができ、風を巻き起こすことも、谷に投げ込んだ脇差を、風を巻き起こしてもとのところへ戻すこともできたという。あるいは、空を飛ぶ烏《からす》を呼び寄せたり、枝に雀《すずめ》が止まったまま、その枝を折れたりしたとか。

筆者はおそらく、これらはみな、幻戯《めくらまし》＝マジックの応用であったと思っている。加えて〝軍配者〟には、天文学の専門知識もあったはず。さらには、石宗は「大事の所伝《しょでん》」と称される兵法の極意を体得、これをまとめる作業も行っていたという。

要はそうした石宗の言を、味方の大友家の諸将が信じたか、否かであった。

道雪と心情を交わした石宗の決意

主君宗麟が神仏に帰依していたときは、まだ過渡期とはいえ、石宗の軍師としての発言力は低下しておらず、彼の威力は輝いていた。ところが宗麟が突然、キリスト教に改宗したことにより、石宗の立場は家中で微妙なものとなる。

宗麟と石宗の主従は、宗教上の対立から齟齬《そご》をきたすようになり、自分の未来を悲観した石宗は、〝軍配者〟として得たものをことごとく、大友家の重鎮・戸次道雪の甥・鎮連に伝授しようと考えるようになった。この一点でも、石宗と道雪との親交ぶりはうかがえよう。

幸い鎮連は戸次の家督を継ぎ、永禄十年（一五六七）九月に、道雪に従って前出の、筑前の高橋鑑種の叛乱鎮圧にも出陣し、戦功をあげた武将であった。血統、家柄、実力——石宗の〝軍配者〟の、後継者としては申し分なかった。

ところが、あろうことか宗麟の嫡子・大友義統の命で、鎮連は成敗されてしまう（時期は異説あり）。鎮連は主君宗麟の改宗でこの主君に見切りをつけ、次代の義統に期待したのだが、これがまた不肖の息子であった。鎮連からの諫言状を受け取り、これに逆恨みする。あげく、敵国薩摩の島津義久との内通を疑って、誅殺に及んだのであった。

「もはや、これまで——」

石宗も心中に、期するものがあったのではないか。

彼にとっては最期の出番となる、天正六年（一五七八）の日向侵攻作戦＝耳川の合戦（高城合戦）に際しても、石宗は健気《けなげ》に、いつ、どの方角から攻めたらよいのか、を占った。が、出た卦《け》は、最悪といえるものばかり。

石宗は占いの結果を主君の宗麟に伝え、進言した。

「このたびの出陣は、おとりやめになった方がよろしうございます」

併せて石宗は、三つの理由をあげている。一つは宗麟がこの年四十九歳で厄年《やくどし》にあたり、出陣を慎んだ方がよいというもの。二つ目は、「未申《ひつじさる》（南西）の方角へ出陣するのは、方角がよくない」ということ。そして三つ目には、彗星《すいせい》が出現し、その光の尾が西になびいているのは凶兆である、とのだめ押しであった。

この時代、彗星の運行に関する科学的な構造《メカニズム》は解明されていなかった。そのため、この魅惑の星がどの方角から何処へ流れていったか、また、その尾の長さはどのくらいであり、何色をしていたのか、などは格好の星占いの材料となっていた。

石宗の結論に、それまでの宗麟であれば出陣を延期したかもしれない。が、彼はキリシタン信者となっており、しかも前年、日向延岡城を短時日に陥して、有頂天となっていた。

「近年の吉凶方角の沙汰、石宗言上の様には、御同心更《さら》になし」（『大友興廃記』）

宗麟は石宗の進言を無視したばかりか、客観的な情勢分析もせぬままに出陣してしまう。

〝軍配者〟としての発言権を、宗麟に無視、剝奪《はくだつ》されたに等しい石宗であったが、それでも彼はどこまでも、大友家に殉ずる覚悟を固めていた。このあたり、道雪・紹運と心情が酷似している。ならば、と一兵卒として、耳川の合戦に従軍したが、彼は出陣前に「大事の所伝」をすべて焼き捨てたというから、すでにこの時点で死を決していたのだろう。

大友氏の衰運

「おそろしき謀事《はかりごと》也」（『盛香集《せいこうしゅう》』）

とのちに、徳川家康をして唸らせた耳川の合戦は、すでにみてきたように、天正六年（一五七八）八月十二日、三万五千の軍勢で日向入りした宗麟によって仕掛けられた。

彼は島津氏を本気で、討滅せんものと進軍を続け、いつしかその軍勢は五万人にふくれあがっていた。宗麟が攻略目標としたのは、島津方の拠点・高城――この高城川と切原川《きりばる》が交差した台地にある要塞は、天然の要害であり、豊後街道にも接することから、軍事上、極めて重要な位置にあった。

十一月、大友軍は切原川東方の台地に本陣を置き、城の水の手を断つ。

敵方の大将・島津義弘は、十一月十一日、南方の佐土原に陣を構えた。途中、幾ヵ所にも伏兵を置き、そのためであろう、兵力が少なくみえたようだ。攻めかかってきた大友軍は、島津氏得意の〝釣り野伏りの計〟で、たちまち五百人を討ちとられてしまう。

義弘は大友軍へ忍びを放ち、敵の首脳部が意志疎通を欠いていることを摑んでいた。

持久戦を主張するものと、即戦を唱えるもの——敵の主戦派は勝手に兵を動かした。大友軍は後方の、宗麟の本陣近くにも大軍を置いており、そのため激突した兵力は五分であった。

大友軍の兵たちは、神仏をいまだ信仰していたが、その領内の神社や仏寺を、こともあろうに宗麟は焼き払うなど、罰当たりなことをしてきた。これでは神仏のご加護はない、と大友方の将兵は落胆して、当然、士気も衰える。石宗が空を見上げると、「血河《けっか》の気」が漂っているではないか。味方が全滅する、という不吉な兆しであった。

「このままでは、味方があぶない。血河の気が去るまで、動いてはならぬ」

石宗は諸将へ、使者を派遣した。おそらく、士気の低下したまま戦えば大敗する、と踏んでの、天文に託《かこつ》けての進言、諫言であったかと思われる。

だが、重臣たちは揃ってこの忠告を握りつぶしてしまう。宗麟が怖かったからだ。

翌十一月十二日、渡河を決行した大友軍は当初、島津の前衛を討ち破ってつき進んだが、これがそもそも義弘の作戦であった。巧みに包囲されて、これに伏兵が合流。形勢は一気に逆転してしまう。気がつけば、大友軍は三方から攻囲されていた。結果、大友軍は崩れに崩れて、後方の耳川まで敗走する。石宗はどうしたか。ここを死地と思い定めて奮戦し、ついには敵将・北郷《ほんごう》（本郷）忠左衛門に討たれ、この世を去った。享年不詳。

信頼を失いながらも、最後まで主君宗麟のことを考え、死を賭した石宗。その彼がすべてを託そうとした戸次鎮連は、宗麟の子・義統によって成敗されてしまう（先述）。大切な甥を失いながらも、私情を交えずどこまでも大友家に忠誠を尽くした道雪——石宗と道雪の間には、戦略・戦術についての交流も含め、深い信頼が結ばれていたように思われる。

それでいて道雪（宗茂も）には、石宗にみられる神通力——妖術・幻術を使ったとされる挿話が、一切語られていない。あくまでも、現実的《リアル》な対処法のみであった。

道雪が宗茂を婿に迎えた頃、戦国は明解に一つの段階《レベル》＝中国古典兵法を超えたということであろう。宗茂が立花山に入った翌年、東では織田信長が本能寺の変で横死している。

大友の守護神、猫尾城を攻める

それにしても、と思う。人生には考えもしなかった展開、急転直下（事件などの形勢が急にかわって、解決、決定する）ということがままある。

かつての大友宗麟にとっては、宿敵・毛利元就没後の毛利氏の豹変であったろう。

あれほど、執拗に九州侵攻を企ててきたのが、ぴたりと止んだ。これは序章でみたごとく、尾張の百姓の小倅から身を起こし、織田信長の五方面軍司令官の一人にまで成りあがった羽柴（のち豊臣）秀吉が、主人・織田信長の〝天下布武〟の一環として、中国方面軍を率い、西進を開始したことに拠った。

その防戦にまわった毛利氏は、北九州にまで手が回らなくなったわけだ。

ところがこの絶好の機会に、宗麟は烈々たる覇気を失い、デウス信仰に深入りすることとなる。道雪や紹運は、東からの敵がいなくなって一息つけたものの、今度は西からの〝肥前の熊〟＝龍造寺隆信が新たな敵として現われ、これに身構えていたら、この巨漢がなんともあっけなく、島津家久（義久・義弘の弟）の奇襲を受け、島原日野江《ひのえ》（現・長崎県南島原市）から北方半里の沖田畷で敗死してしまう。

数万の大軍を率いた総大将が、合戦場でその首を取られるといったお粗末な例は、信長に首をあげられた今川義元ぐらいしか見当がつかない。いずれも相手をなめての油断が原因であったろうが、義元の知名度に比べて、隆信のそれは一般に低い。やはり地域格差だろうか。

筆者としては、島津軍北上戦がもう少し手間どり、道雪が隆信と雌雄を決する一戦が見たかった。かたや立たない脚で手輿に乗り、一方は極度の肥満のために六人がかりで担ぐ駕籠に乗って、二人は戦場に現われたはず。さぞかし軍配ぶりが、見どころであったろう。

――道雪はいつしか、全大友の守護神のような立場となっていた。

その彼に、田原親家《ちかいえ》の後詰《ごづめ》として、筑後国上妻《こうづま》郡の猫尾《ねこお》城（現・福岡県八女市）攻略に向かえ、との主君義統からの命令が下った。天正十二年（一五八四）七月のことである。

猫尾城主の黒木家永《いえなが》は龍造寺隆信の死後、火事場泥棒をするように、秋月種実や筑紫広門らを語らい、大友方の長岩城城主・問註所統景《むねかげ》を攻めた。家永は、もとは大友家に従っていたが、隆信の死後も己れの嫡子を佐嘉城に人質としてとられており、龍造寺と手切れして、大友への帰参を願い出ることができないでいた。

攻め手の大将親家は、宗麟の次男（義統の弟）であり、東国東郡安岐城（現・大分県国東市）城主・田原親宏《ちかひろ》の養子となった人物。大友家の「加判衆」に名を連ねる志賀道輝《しがどうき》（諱は親守《ちかもり》）、朽網宗暦（諱は鑑康）が軍監について、親家は出陣した。

もっとも、補佐たる二人は高城・耳川決戦において、搦手《からめて》の大将をつとめながら、後手後手を踏み、大友大敗の原因をつくった人々でもあった。

楽聖・滝廉太郎《たきれんたろう》の作曲した「荒城《こうじょう》の月」のモデルとなった、豊後竹田（現・大分県竹田市）の岡《おか》城の主が道輝であり、直入《なおいり》郡山野《やまの》城主が宗暦であった。二人は宗麟の側近に仕えながら、己れの保身にのみ憂き身をやつし、主家に揃って謀叛をはたらきながら、宗麟に許されて、何食わぬ顔で出陣するという、佞臣《ねいしん》ぶりを遺憾なく発揮していた。

親家は父である宗麟のような、独断専行はしなかった(できなかった)が、兄の義統と同様、常に周囲の意見にふり回され、己れというものがなかった。

また、大国の貴人として育ったため、矢玉の中に身をさらした経験もなく、生命懸けで自ら戦ったこともない。戦人《いくさびと》としては、どこまでも未熟な人であった。

道雪、老境の長帯陣と宗茂の活躍

道雪は主命をうけると、すぐさま宗茂に家老の十時摂津守連貞《つらさだ》・薦野三河守増時《ますとき》ら心きいたる将をつけて立花城に残し、自らは二千余の兵を率いて出陣した。

紹運も岩屋城に家老の屋山中務三介《なかつかささんすけ》を入れ、宝満城には宗茂の弟・統増を配し、数百の手勢を率いて、太宰府で道雪の軍勢と合流。筑後川をわたって耳納山《みのうさん》の嶮を越えて、二人は猫尾城へと向かった。

標高二百四十メートルの猫尾山の頂――二千の守兵が籠るその城を、八千もの兵力をもって囲みながら、親家、道輝、宗暦らは二ヵ月近くかけても、陥落させられないでいた。

これに、道雪が着陣するや雷を落とす。罵倒した三人にかわり、道雪は城につうじる水の手を断ち、自ら紹運と先鋒を担い、親家の尻をしばきたたくように、総攻撃をかけさせた。あまりの激しい攻勢に、城方は戦意を喪失。家永は自刃して、城兵は降った。

しかし道雪の攻勢はここで止《や》まず、遠征軍を叱咤して、家永の家老・椿原式部《つばきばらしきぶ》の守る支城・高牟礼《たかむれ》城と川崎重高《しげたか》の籠る犬尾《いぬお》城（いずれも現・福岡県八女市）を次々と降し、龍造寺方の諸城も攻略して、龍造寺家の一堂家晴《いちどういえはる》の籠る柳河城にまで迫った。

まさか後年、自らの養子宗茂が、ここの城主になるとは思いもしない道雪だったろうが、筑後川と矢野川を天然の濠とする柳河城は、天下の堅城として容易に落ちなかった。

そこへ肥後を制圧した島津氏が、ついには大軍をもよおして筑後に北上進軍してくる。

腹背に敵をうける形となった道雪と紹運は、耳納山西端の高良山まで陣を後退させ、ここで越年した。この山には古代日本において、大和朝廷に叛乱した磐井《いわい》の戦場跡があった。

ところが味方の親家は、総大将の己れを蔑《ないがしろ》にする道雪が許せず、八千の兵とともに豊後へ引き揚げてしまう。御井《みい》郡北野（現・福岡県三井郡北野町）に陣替えをしたまま、道雪は動かない。あくまでやる気だ。かつての〝豊後の三老〟のうち、吉弘鑑理、臼杵鑑速はすでにこの世にはなかった。道雪のみが、老いの身を寒風にさらして、背水の陣をしいている。

一方、道雪や紹運が動かないのをみた秋月種実は、道雪不在の立花城を乗っ取ろうと企てる。大軍で囲み、開城を迫ると、留守を預かる宗茂は「打って出る」という。

城兵は少なく、普通ならば籠城して日数をかせぐのが上策です、と薦野三河守がいうと、宗茂は「相手は油断している。そこを衝くのだ」と言った。

「彼のなすところを以《もっ》て、これを我になさせば、すなわち克《か》たざることなし」（なあに、敵が仕掛けてこようとすることを、こちらが先にやってしまえば、どうして勝てないということがある）

であった（『名将言行録』）。

ここまで、宗茂の実戦経験はさほどのものではなかった。が、彼はすでに二人の父によって将帥学を身につけており、丸目蔵人佐とその門人によるタイ捨剣術も体得していた。

宗茂は自ら三百の兵をつれ、夜闇にまぎれて秋月陣へ夜襲をかけた。その姿は、かつて大友親貞の大軍に、今山にて夜明けとともに奇襲をかけた鍋島信生（のち直茂）と同様、実に堂々としたものであった。油断していた秋月勢は、不意をつかれて矛《ほこ》を交えることもせず、這《ほ》う這《ほ》うの体《てい》で逃げていった。

道雪の死と追腹騒動

明くれば天正十三年（一五八五）――道雪七十三歳（異説あり）、紹運三十八歳、宗茂十九歳。長期滞在となった道雪は、多年に及ぶ心身の疲れもあり、食が細くなって、全身に力が満たなくなり、気力の衰えを感じつつ、ついに九月に入ると、その身は重態となった。

異方《ことかた》に心ひくなよ豊国の　鉄《かね》の弓末《ゆずえ》に世はなりぬとも

道雪は辞世をしたため、後継者の宗茂を守っての後事を、重臣たちに託した。由布源五兵衛（雪下）を筆頭に、道雪が立花家入りしたとき、実家の戸次家からついてきて、のち家老となった小野《おの》和泉守鎮幸《しげゆき》（宗珊《そうさん》）、そして十時摂津守連貞とその弟の刑部少輔《ぎょうぶのしょう》連秀《つらひで》、堀次郎《ほりじろう》右衛門尉《えもんのじょう》（又介《またすけ》）、安東内蔵助連直《あんどうくらのすけつらなお》（のち彦右衛門尉《ひこえもんのじょう》）、由布大炊介《おおいのすけ》（惟明《これあき》、惟時とも）、安東紀伊入道（雪貢《せっこう》）などの面々であった。

道雪はあらかじめ、己れの死後の手配をしていたが、その遺言「自らの屍に鎧を着せ、高良山西方、吉見岳《よしみだけ》の麓に、顔を柳河に向けて埋めよ」と命じて絶命したことが、その後、大問題となった。その命日は九月十一日、享年は七十三と伝わっている（異説もあるが）。

道雪の訃報と遺言を聞いた宗茂は、しばし瞑目《めいもく》のあと、道雪の遺骸を敵地に葬ることはできぬ、と立花城に引きとることを決断した。

「屍骸《しかばね》と只一人棄置《すてお》かんこと、人の譏《そしり》も免れかたし、立花へ帰し入るべき旨、答へらる」

(『常山紀談』)

もしかすると宗茂は、この時はじめて、養父道雪に逆らったといえるかもしれない。

ところが、誾千代はなぜ、父のいう通りにせぬか、と怒り出し、ようやく説得したかと思うと、今度は後事を道雪から託された由布雪下、小野鎮幸などの面々が、道雪のお供に参るべし、と「殉死すべき人余多《あまた》に及べり」(同上)という状況になった。

主だった家臣たちが、こぞって殉死(追腹《おいばら》)するといって聞かない。さすが道雪なればこそではあったが、重臣たちにこぞって死なれては、宗茂の立花家は立ちゆかない。困ったことになった、と思ったとき、原尻宮内《はらじりくない》という家臣が、次のように言った。

「各達《かくたつ》(各自に申し渡す)唯名聞《ただめいぶん》(世間の評判)を好みなんには然《しか》るべけれども、統虎(宗茂)公の御為によかりなんや」(同上)

と。皆が殉死したなら、若殿も一人ぼっちになってしまう。それならばいっそのこと、

「嗣君にも御腹召させたらんこそよからめ」(同上)

と大声で発言した。その場にいた人々の、熱した顔が一度に冷え、考えてみればそれはできぬ、と皆はようやく自分たちの立場に思いいたり、追腹を思いとどまったという。

天正十二年（一五八四）の七月に、「立花」姓の使用が確認されており、二年前の十一月十八日には立花城の「御本丸西ノ城」において、「御旗・御名字」の御祝が催されている。この頃、宗茂の家督は、主君宗麟―義統父子の許諾を得ていたのだろう。

立花城には、旧立花家の家臣があり、亡き道雪がつれて来た家臣団（多くは誾千代を主君と仰ぐ人々）、さらにわずかとはいえ高橋家から宗茂に従ってきた家臣がいた（『高橋記』には瀬戸口十兵衛のみ、とあり、他記には太田久作も、とあった）。これらの融合なくして、宗茂の活躍はなかったであろう。筆者はこの難しい派閥を解消したものこそ、島津家大勢による北上戦であったように考えてきた。先にみた『孫子』であり、韓信の言である。

ただし、それを可能にするためには、主人が家来たちの納得する将帥としての力量を発揮してみせなければならない。いよいよ、宗茂の真価が問われようとしていた。

筑紫広門の決断

「下剋上」の時代現象は、とくに九州において激しかったようにも思われる。

鎌倉以来の名門＝大友・島津・少弐の三家のうち、戦国を生き残れたのは島津氏のみ。九州一円の国人・土豪の多くは、己れの〝利〟に露骨で、少しでも自領が増えるとなれば、右へ左へと合従連衡をくり返し、そのことを決して恥とは考えなかった。世相といえる。

無論、旧大国にも病患《びょうかん》があり、宗家の傲慢《ごうまん》や無智に同族が分派し、たがいに争い、一族の勢力を弱め合って、臣下の新興にとって代わられる現象も少なくはなかった。

戸次道雪の死を知った肥前国基肄《きい》郡勝尾《かつお》城（現・佐賀県鳥栖《とす》市）の城主・筑紫広門なども、その好例であったろう。筑紫氏の本家筋にあたる旧主・少弐氏は、蒙古襲来に際して、九州武士団を統率した資能《すけよし》を出したほどの家であったが、龍造寺隆信に当主の冬尚が攻められて自殺し、少弐氏が絶えると、大友へ、龍造寺へと広門は生き残りをかけて靡《なび》いた。

広門個人は剛勇の士であったが、彼はいま、道雪の死で混乱、安堵と動揺、大友氏を嘲笑したかと思うと、龍造寺氏を激しく罵り、それでいて優柔が泥絵具のように掻《か》きあげられ、この不透明な現実から這い出る決断ができないでいた。

ちなみに、「徹斎（丸目蔵人佐）、於二諸国一《しょこくにおいての》仕合之覚《しあいのおぼえ》」に「筑紫栄門と矢部之城にて仕合し勝利之事」とあった。もしこの栄門が広門であるなら、タイ捨流において同門となる。

その広門が、道雪と共に出陣している紹運の留守中、手薄になっていると見て、道雪の死の翌日、筑前宝満城を奇襲して略奪したかと思うと、一転、紹運の後継で、今では嗣子に直った次男の統増に、自らの娘を娶せ、講和を乞うたりした。

広門は龍造寺隆信の義弟・鍋島信生、隆信の子・政家に嫌われており、古処山城主・秋月種実もその表裏ある広門の性格を嫌悪していた。いよいよ島津軍が大挙して北上してくるとなって、狭《せば》まった選択肢の中から、広門はようやく苦渋の決断をしたようだ。なにしろ紹運の高橋家と筑紫家は、隣家といってよく、紹運の妻の、実の妹が広門の夫人であった。

信義なき者ほど、あれこれと去就に迷うもの。一方で龍造寺、秋月はあっさり、島津氏についた。敵は大軍、勝敗は歴然としていた。

天正十四年（一五八六）六月、いよいよ島津義久は薩摩・大隅・日向の兵六万八千余騎をもって、筑前と豊後への出陣を決断した。

筑前には島津忠長《ただなが》（義久の従兄弟）、伊集院忠棟《ただむね》を両将に、二万三千余騎。豊後には島津義弘、同昌久《まさひさ》（島津薩州《さつしゅう》家庶流）、新納忠元《にいろただもと》を大将として四万五千余騎を発向させた。

怒濤のように北上する島津勢は、途中、肥後の宇土《うと》（現・熊本県宇土市）、託摩《たくま》・川尻《かわじり》・城《じょう》・合志《こうし》・赤星《あかほし》、出田《いでた》、山鹿《やまが》、小代《しょうだい》、首藤《すどう》、隈部《くまべ》、大津山《おおつやま》の国人・土豪を吸収し、筑後に入っては広川・城島《じょうじま》・甘木《あまぎ》の諸城を攻め落とし、七月六日、筑後高良山に着陣した。

かつて、道雪と紹運が陣をしいたところである。

島津氏の予測と必死の画策

島津勢の大挙出現に、筑後国の三池・蒲池・田尻《たじり》・江島《えじま》・黒木・星野・草野・問註所ら諸氏がこぞって、戦列に加えてくれることを乞い求めてきた。また、肥前国からは高木・本庄・神代《くましろ》・馬場・太田などの諸氏が、加勢に遅れじと駆けつけてくる。

さすがに龍造寺をはじめ、相良・有馬・松浦《まつら》・原田・草野・波多《はた》と九州に名の通った家々では、当主は自らは参戦しなかったものの、一族の者を代理として送りだし、気がつけば島津の筑前軍は五万余騎となっていた。足軽や小者、軍属・軍役（人夫）を入れれば、優に十万を超えている。

くり返しになるが、天正十三年（一五八五）十月二日、秀吉は島津氏に大友氏との講和を命じていた。が、島津氏はこれを一蹴する。通史では、にわかに出世した秀吉を、大友氏と並ぶ名門の島津氏が軽視し、

「たかが足軽風情が、関白になったとて、ほどなく転ぶであろうよ」

と、高を括ったための誤断であったとされているが、歴史の真相はそれほど単純ではなかった。島津氏も、中央の政局には細心の注意を払い、その動向を見守っていたのである。

心きいた家臣を常時、京に駐屯させる一方、朝廷や公家との交渉用には僧侶も配置している。前将軍（十五代）・足利義昭とも独自の人脈《パイプ》でつながっており、もたらされる天下の情勢を分析した結果、島津氏は秀吉と家康の和睦が数年先になる、と予測した。

それゆえに、しゃにむに全九州を制覇してから、次の政局に備えるほうが得策、との判断を下したのである。当時の情勢を詳細に検討すれば、むしろ島津氏の判断は妥当であったといえるだろう。なにしろ、足下に火がつき、なりふりを構っていられなくなった宗麟ですら、はたして秀吉の九州征伐をいかほど確信していたであろうか。

歴史は常に流動的であり、局面における方法論は幾つもあるし、変化するもの。結果論からだけの、即断＝思い込みは危険である。島津氏は東西二手からの、北上作戦を敢行した。

それ以前から、宗麟はこの危機を秀吉の軍事力で救ってもらおうと考え、一世一代の巧緻を極めた外交を展開していた。天正十三年十二月、秀吉から、

「休庵（宗麟）、義統の事、見放つべきに非《あら》ず候間《そうろうあいだ》、心安かるべく候」（筆者読み下し）

との言質をとりつけた。

翌年正月には、日本イエズス会準管区長に新任したばかりのＰ・ガスパール・コエリョを、宗麟は表敬訪問と大坂城落成の祝賀を口実に、長崎から秀吉のもとへ送り込んでいる。

高山右近をはじめキリシタン大名の間を、事前に周旋させておき、自身は人目をはばかって、わずかな従者を伴い、三月末に臼杵から海路大坂へ出帆。四月五日、泉州堺の妙国寺に入ると、翌日、大坂城に登って秀吉に拝謁している（序章参照）。

宗麟は名壺「志賀」をはじめ、愛蔵していた茶入れ、水差しなどを秀吉に贈り、懸命にその機嫌をとった。秀吉の弟・羽柴秀長や千利休にも、迅速な九州争乱への介入を訴え、大坂城内にその世論をつくることに成功している。このあたり、調子のよかった切支丹《キリシタン》以前の宗麟らしい、抜け目のなさを感じる。

宝満城を巡る思惑

さて、北上島津勢にまず狙われたのが、南に位置した肥前勝尾城とその支城であった。

広門が紹運に寝返った、と島津勢は判断し、二万三千余騎が勝尾城を十重二十重《とえはたえ》に取り囲み、猛攻を加えた。迎え撃った広門は、ここを先途《せんど》（勝敗興亡の決まる瀬戸際）と二千余（一千とも）の城兵を指揮して懸命の抗戦を決行した。

だが、抗戦の最中に五百余騎で籠城していた支城の鷹取城《たかとり》（現・福岡県八女市）において、勇将の誉れ高い弟・左馬頭《さまのかみ》春門《はるかど》が、手勢を率いて果敢に城外へ打って出て、島津勢の河上左京亮忠堅《ただかた》と刺し違えて戦死したことを聞き、力を落とした広門は、降参してしまう。

ちなみに、この河上左京亮は序章でみた龍造寺隆信を討ち取った島津剛勇の士——ところが左京亮は、隆信を生け捕りにしなかったことを、主君義久に責められ、その後、二年間の牢居生活を送っていた。

左京亮は許されての一戦で、敵将春門と激しい一騎討ちを行い、二人共に馬から落ちて組み討ちとなる。このおり左京亮が春門の首を掻こうとして、顔をのぞきみると、なんとまだ紅顔可憐《こうがんかれん》な若者ではないか。一瞬のためらい、憐憫《れんびん》の情に、春門は短刀を突き出し、二人は刺し違えて死んでしまう。春門は十八歳。左京亮は二十九歳であったという。

島津方では勝尾城に秋月家の将兵を入れ、広門は筑後大善寺《だいぜんじ》（現・福岡県久留米市）に幽閉されることとなる（のち脱出）。こうなると動揺するのが、筑前宝満城に籠っている筑紫勢であった。このおり宝満城には、紹運の後継となった統増が、北原進士兵衛（第一章参照）、陣野《じんの》九郎兵衛、中島采女《うねめ》ら屈強の武士二十四人、兵三百余と共に登城していた。城内の決死籠城が、二派に分裂しはじめる。

そのこともあり、筑前立花城の宗茂は、家臣の十時摂津を紹運のもとへ送り、

「敵は目に余る大兵、味方は小勢です。岩屋城は要害とはいえず、せめて宝満城に籠られる

か、いっそ大軍に三城を取り囲まれるよりは、揃って立花城へ入られてはいかがですか」

と説得させたが、紹運は受けつけなかった。

『名将言行録』に拠れば、次のように紹運は語っていた（以下、現代語訳）。

「宗茂の申すところはもっともである。が、一歩退いて考えてみるに、節を守り義によって死ぬのは、勇士たる者の本懐。そのよき時を知り、かつ武運の開ける道をはかるのが智者の思慮分別というものだ。宝満城は要害ではあるが、一方、〝地ノ利ハ人ノ和ニ如《しか》ズ〟ともいう。

たとえ、あの城に立て籠ろうとも、人の心が一つにならねば長くは保てぬものだ。某は大友義統とは親類（義統の正室は紹運の妻の妹）のうえに、とくに深いかかわりがあるので、義統を見放すべきではないと思い、長年の間、大友家に荷担し、戦のたびに勝利をしてきた。

だが、大友家の家運もはや傾き、当家の運も尽きかけたのか、逆徒は年ごとに蜂起するようになり、味方になる者も一人もいないありさまとなった。時は去り、時が来るというのも世の習いなれば、当家もいまや亡ぶべき時がきたのかも知れぬ。当高橋家は

（かっては）筑紫国の検断職（盗賊などを捕縛・裁判して刑を執行する職）三家の一つであったが、他の二家の仁木《にっき》、一色《いっしき》の家は絶えてすでに久しいから、いまなお健在なのは当家だけである。

また、九州の豪雄・菊池少弐、千葉宗像もその後嗣はいない。このようにみると、当家も断絶の時が来たかと思う。もし、武運が尽きぬのであれば、この岩屋城に在ろうとも大軍を防ぎきることはできよう。家運の尽きる時が来ているとすれば、宝満城に立て籠ろうとも、敵の攻囲を撃破できまい。いずれにしても、遁《のが》れられない運命と思えば、長年の居城を枕に討死してこそ本望というものだ。城を捨てて逃げたといわれては、とりわけ残念であろう」

高橋紹運の悲壮美

紹運も籠城するにあたって、大友家から秀吉の動きは知らされていた。それでいて紹運は、孤立する三城を一つにしようとはしなかった。彼は、

「宝満城に立て籠るほどなら、宗茂のいる立花城こそ要害の地であるから籠るべきだが、重要な戦いに、大将が幾人も一所に籠るのは上策ではない」

といいつつ、十時摂津に本音を語る。
戦国武将の強《したた》かな計算、否、〝悲壮美〟といってよい。

「戸次鑑連（道雪）とは浅からぬ交わりであったから、わしは武運つたなくして切腹することになっても、宗茂さえ無事であれば安心である。たとえ大軍が押し寄せてこようとも、よもや十日ももちこたえられぬことはあるまい。わしが生命のかぎりに戦えば、寄せ手も三千ぐらいは討てよう。島津勢がいかに鬼神のごとしといえども、ここで三千の兵を討たれれば、次に立花城を攻めることは困難となろう。
それに立花城は名城であり、勇士も多く、敵が攻めてこようとも、よもや二十日ぐらいで落ちることもなかろう。そうするうちに三十日も経てば、中国（地方）からの援軍も渡海してくるであろう。そうなれば宗茂は武運を開くことになるので、この旨をぜひとも宗茂に伝えてほしいのだ」（同上）

戦は人数の多少でするものではない、天の利、人の和によるものだ、とも。
第一、一所《ひとところ》で父子が討死すれば、先祖伝来の血を絶やすことになる。二方滅んでも、一方が残ればそれでよいではないか、と紹運はいった。

実父に、共に籠城を――との進言を断られた宗茂は、ならば、と立花城の中から志願者を募り、自発的に名乗り出た百名を超える将兵の中から、二十数名（三十余名とも）を厳選し、岩屋城への加勢へ、食糧、弾薬とともに差し向けた。

いずれも紹運ゆかりの将士たちであったが、紹運は彼らの入城を拒絶する。

しかし志願者たちも引かない。聞き入れてくれなければ、この場で腹を切る、と迫った。

その見事な覚悟に、なおさら死なせたくない、と思う紹運。殿、武士の情けじゃ、よき死に場所を共に、と迫る将士たち。さぞや紹運の、心中はつらかったに違いない。

愚直に主家に殉じるのは、己れ一人でよい、とすら彼は考えていた。しかし、紹運が日ごろから自らの家臣たちに説いた武士の道は、主家が盛んなときに役立つ武者ではなく、主家がいよいよ滅びるとき、黙って生命を投げだす武士であった。家臣たちは、紹運に感化され、自分たちも愚直を通そうとする。

――ついには、紹運が折れた。先に逝った道雪も、いかに潔く死ぬかを生涯にわたって、渾身で考え抜いたような雰囲気を持っていたが、若い紹運はその分、武士の本分を深く考えてみようとしなかった印象がある。目の前の標的を射ることにのみ、一意専心するような。

彼はその工夫＝潔く死ぬためだけに、日々を営んでいたようでもあった。

ただ、二人にかわって弁明するならば、道雪も紹運も（無論、宗茂も）、死に急ぐ、いわゆる戦場の好きな戦人とは別種であった。男伊達《おとこだて》、武辺者《ぶへんもの》の血は持ってはいたが、彼らは揃って頭脳明断であり、日常の生活は穏健（おだやかでしっかりしている）であった。戦場における判断にすぐれ、行動力にもめぐまれていたが、のちに宗茂が身をもって示したように、泰平の時代に生きても十二分に、存在感を発揮できる才覚も技術も持っていた。

ただその生き方の源《みなもと》が「愚直」に徹しようとするところに、彼らの特操《とくそう》（堅く守って変わらぬ志）があった。

貫いた「愚」の意義

「愚《ぐ》なるが故《ゆえ》に道《みち》なり」（『荘子《そうじ》』外篇《がいへん》・天運）

というのが、中国の古典の教えにあった。

「愚」（のろま、おろか、ばかもの）は本来、世間的には喜ばれないが、この「愚」には人間のさかしらな知識が働いていないから、それこそ本当の、人間の真っ当な歩む道に合致しているのだ、との考え方も古代中国にはあったのである。ばか正直というやつだ。

そういえば、『韓非子《かんぴし》』であったか、

「愚も愚を守れば愚ならず、知も知を誇れば決して知ならず」

というのもあった。これによく似たいいまわしに、

「美しい者は自《みずか》ら美しとす。吾《わ》れ其《そ》の美しきを知らざるなり」

というのもあった。美しい者が、自分の美しさを自覚しているようであれば、第三者から見ると、それは決して美しいとは考えられない、との論法である。

下剋上の戦国乱世では、謀叛や裏切りといった非道も、生きのびるためには仕方がない、といわれてきた。自らの卑劣さを、正当化するための理屈も色々に存在している。

しかし、ごまかしの言いわけを考えたとき、第三者はその生き方を決して美しいものとはいうまい。煩悩《ぼんのう》地獄に落ちて、自分の本心を偽るぐらいなら、涼やかに、心性を清々《すがすが》しく、わが身をまっとうしたい。晴朗に生きることを戦国武将は乱世の中で会得した。それが「愚直」に生きること、自らに潔さを求めることであった。

乱世である。なるほど泰平の世では、知識・教養や才覚・技倆《ぎりょう》をつかった判断が、何かにつけて有利であろう。だが、乱世において危機が直接に迫っている状況ならば、あれこれ考えないで、野心や利益を心の奥底に抑え込んで、愚直な誠実さを全うすべきではないか。

――「愚」には、「知」でははかり知れない深みがあった。孔子はいっている。
「其《そ》の知には及ぶべし、其の愚には及ぶべからず」（『論語』公冶長《こうやちょう》）
と。知者として振る舞うことはやさしいが、平凡な愚かな人間として、しかも完全にその生き方を全うすることは、容易なわざではない、と。
滅亡寸前の大友家にあって、「愚直」を誉れと忠義を尽くそうとする紹運に、ついに島津の大軍が迫って来た。天正十四年（一五八六）七月十二日、島津忠長は高良山から出ると、太宰府、観世音寺、崇福寺《すうふくじ》など岩屋城のある四天王山の南麓一帯に布陣する。その数は岩屋城に迫るに従い、参陣する者が増え、この一城を数万になんなんとする大軍が囲んだ。

島津軍、岩屋城を落とせず紹運を説得するが……

まず、島津家の使者が岩屋城へ訪れた（以下、『名将言行録』筆者、現代語訳す）。
「〈前略〉このたび太宰府に攻め寄せたのは、鎮種（紹運）にたいして戦いを挑もうとするものではありません。筑紫広門に異心ありとみたので、これを討つべく出兵したのであり、すでに広門を生け捕ったばかりか、筑紫家が当家に属したいま、子の弥七郎（高橋統増）を大将にして宝満城に入れ、その家臣たちを呼び集めて城を守るとはどういうことか。すみやかに宝満城を引き渡すべし。さもなくば即刻、岩屋城を攻略するであろう」

これにたいして鎮種は、

「まず、一言の断りもなく、某が守る城下を馬蹄《ばてい》にかけ蹴散らされたること、武門の礼に反することといえよう。しかも、宝満城を渡すべき理由などあろうはずはない。今日では某も関白秀吉公に属しているので、宝満・岩屋の両城も関白の城も同然。それを某が渡すなどは思いもよらぬこと、ここまで兵を寄せられたからには、当城を攻められるがよい。

弓矢をとって、しかるべく相手をするであろう。なお、龍造寺・秋月などは長年にわたり、武威を逞《たくま》しくした連中だが、いつしかその方の麾下となった、義を忘れ恥を知らぬ者どもだ。また、筑紫広門は易々と城を陥された弱将である。某はこうした手合いとは異なり、義のためには一命《いちめい》を賭《と》して戦うであろう」

と返事をしたのであった。

七月十四日、島津勢は攻撃の手はずを決めて、昼夜を分かたずに攻めてきたが、決死の覚悟の城兵たちは少しもひるまずに防戦した。ために、寄せ手には討死する者、負傷する者が続出する。それでも多勢に無勢、十倍以上の攻城方は、ついに岩屋城の外曲輪《そとぐるわ》を突破した。しかし城兵は、二の丸・三の丸へと引き退いて、なおも徹底抗戦を続ける。

その日、島津方から申し入れがあって、戦いは中断され、新納蔵人《くろうど》と名乗る者が、城内にもの申したい、とやってきた。そこで鎮種（紹運）は自らを「麻生外記《げき》」と名乗り、櫓《やぐら》の上から新納の言葉を聞くこととした。

新納がいうのには、この数日、鎮種公は小勢をもって大軍を引き受け、堅固に城をもちこたえられたことは感服のいたり。また、この城を義により討死しようとの覚悟にも、深く感じいっている。しかしながら、「義者は不仁者のために死せず」といわれている。鎮種公ほどの義士が、なにゆえに無道の大友に荷担されるのか。大友の政道は道理に反し、ために人々の恨みが積み重なった。そのうえに切支丹になって、古今未曽有の悪行のかぎりを尽くしたため、麾下の国々の諸士にも疎じられ、一度として戦いに勝てぬまま、領地もほとんどを失うにいたった。

だが、わが島津は、政事（政治）は道理によって執り行ってきたから、招かざるに人は集い来り、勢威も高まり、はや七、八ヵ国を手中にして治めている。したがって鎮種公に降参をすすめにきたのである、という。

外記と名乗ってこれを聞いていた鎮種は、

「仰せの趣《おもむき》については、鎮種（紹運）に申し伝えるまでもないことだ。某がここで、鎮種の大友家への義がいかに理に適っているかを申そう。よく聞かれよ。総じて栄枯盛衰はときの運であって、細川・畠山・赤松・山名をはじめ、今川・武田、近国では尼子・大内らは、一度は栄えたが、また、滅亡もした。

鎮種がこの期におよんで、どうして冑を脱いで降参をしようぞ。大友家も源頼朝の時代から、子孫代々、領国を保持し伝えてきた家柄。日向の戦いに敗れてこのかた、異心を抱く者が多く出て、いまはかくのごとく衰退した。されど、やがて秀吉公が大軍を率いて、この九州に渡り来り、薩摩国に攻め入れば、島津もまた敗北は遠くあるまい。

武運が尽きたからとて、志を変じ降伏するがごときは、武門の身の恥辱であり、人に指弾《しだん》されるは必定。松樹千年とはいえ、それとてついには枯れるのが世の習い。

人世（人の世）は朝露が陽光を待つがごとく、実にはかないものである。ただ、世に永く残るものは名前である、と（そう）思うがゆえに降参はいたさぬ」

そう声高に呼ばわったので、新納も仕方なく帰っていった（同上）。

それでも島津氏は攻めかかることをせず、再び荘厳寺《そうごんじ》の僧を使者として、交渉に及んでいる。尚武の国・薩摩隼人たちは、このまま死なせるには惜しい、と心底、紹運とその家来たちを、せつなく思っていたのだ。九州七、八ヵ国の大軍に攻囲されながら、彼らは少しもひるむことなく、動揺すらみせず、かつて紹運が口にした十日はおろか、十五日も城をもちこたえている。

退くことを恥とする島津勢は、精強ぶり日本一の名にかけて、かならずや、岩屋城を陥すであろう。だが、問題は日数とその間に出るであろう、こちら側の死傷者の数であった。できることなら、和睦をはかりたい、これが島津忠長、伊集院忠棟、新納忠元らの共通の思いであった。僧は代弁した。

「鎮種（紹運）公と立花城の宗茂、宝満城の統増は一体なので、三人同意のうえで鎮種公の実子の中から一人を、当方で人質としてお預かりしたい。そうすれば三人の所領はそのままにし、いささかも干渉はしないであろう」（同上）

と。だが、紹運は拒絶した。

紹運、岩屋城に散る

――島津勢の攻城戦は、再開された。

『上井覚兼日記《うわいさとかね》』に拠れば、七月二十六日に紹運が城を明け渡さないことを条件に、和睦を申し出たが、島津方はこれを拒絶したとある。時間稼ぎを、紹運は目論んだのであろう。

だが、運命の日はやって来た。『名将言行録』の「自害」に、次のようにあった。


明けて二十七日、島津の攻囲軍は一斉に押し寄せると、午前六時から正午まで、入れかわり立ちかわり攻撃し、そのため数知れぬ死傷者が出た。

それでも寄せ手は、死骸を踏み越え、息をも継がずに攻めたてた。今日かぎりの生命と思い定めていた城兵は、各々の持ち場を一歩も引くことなく斬り死にしていく。

鎮種（紹運）の左右には名だたる剛の者が、五十人ばかりになっていたが、次の戦いなどは念頭になく、これを最後の戦いとばかりに、あたるを幸いに切っ先を揃えて討ちかかり、（島津勢の）一陣・二陣を谷底深くへ追い落としたので、それから一時間ばかりは寄せ手も攻め入ることができなかった。

鎮種は死傷者を見廻り、死者にたいしては無二の忠節に感謝の言葉もない、と一礼し、まだ息のある者には、自身で気付け薬を口に入れてやった。そしてその後に、鎮種は思う存分に戦うと、辞世の歌を扉に書き残した。

流れての末の世遠く埋《うず》もれぬ
　名をや岩屋の苔《こけ》の下水《したみず》
屍《かばね》をば岩屋の苔に埋《うず》みてぞ
　雲井《くもい》の空に名をとどむべき

それからやおら櫓に上って、自害して果てたのであった。

紹運の享年は、三十九。

岩屋城には歴とした武士が一説に、七百六十三人もいたというが、残らず討死して、一人として降参する者はいなかった（城下の西正寺《さいしょうじ》に七百六十三人の慰霊碑がある）。島津勢も、

写真6　岩屋城跡。石碑には「嗚呼壮烈岩屋城址」の文字（福岡県太宰府市。柳川市観光課提供）

三千七百余人（四千五百人とも）が討たれたという。

序章でみた如く、島津氏には博愛に通じる心情があった。寡兵を率い、総勢五万を超える大軍に十数日間を攻められながら、死傷者五千余の打撃を与えて玉砕した、紹運に忠長は憎しみを持たず、敵味方の将士の霊とともに、懇ろに供養するよう指示をしている。

だからといって、島津勢は侵攻の手はゆるめない。これまでも幾度となく降伏の勧告を行ってきた次の拠点・宝満城へ、二十八日、紹運の死をうけて、最終通告ともいうべき使者を送りつけた。

宗茂の弟・統増（十五歳）を擁する高橋家の将士は、主君同様に華々しい最期をかざって、紹運と同輩のあとを追いたい、と心から願ったが、城には統増の室（広門の娘）と筑紫家の人々があり、戦意は一つに固まらず、統増夫婦の生命を保障のうえ、城は明け渡されることとなった。

宗茂、電光石火で島津軍を追撃す

さて、立花城である。距離にして、わずか四里（約十六キロメートル）にも満たぬ近間――筑前粕屋《かすや》（糟屋）郡久山《ひさやま》（現・福岡県糟屋郡久山町）と新宮（現・糟屋郡新宮町）、ならびに現在の福岡市東区――の境界にそびえるこの城は、標高三百六十七メートルの、立花山の頂に築かれていた。

本城（東城とも）のある山頂部は平坦で別に、井楼《せいろう》山とも呼ばれ、うっそうとした照葉樹林におおわれていた。西には博多湾の香椎潟《かしいがた》、和白浜《わじろはま》がひらけている。また、はるか彼方には、志賀島《しかのしま》、能古島《のこのしま》、玄界島《げんかいじま》の島影が望めた。東にはつらなるように犬鳴山地がひかえている。北には宗像《むなかた》郡の丘陵地帯。それを外側からつつみこむように玄界灘が広がり、南に眼を転じれば、視界の良い日には、はるか先に宝満城が望めた。

先にふれた紹運の兄・吉弘鎮信が、かつて城督をつとめた立花城の西城というのは、北西の峰つづきにある松尾山にあった（第一章参照）。この山の南方には〝立花七峰〟と呼ばれる峰々がつらなり、全体としては連郭式（曲輪が連なっている）の山城《やまじろ》を構成していた。

さらに立花山には、中腹に涸れることのない清水の湧く井戸があり、谷底には清流が。この城は岩屋・宝満に比べて、格段の大きさを持っていた。のちの石高に置き替えると、領域は十八万石ほどに相当したであろうか。

宗茂は実父の死に感情のゆらぎもみせず、すぐさまこの悲報を大友義統と秀吉軍の先発軍の軍監・黒田官兵衛に報告する使者を発たせた。むろん自身は、徹底抗戦のつもりである。

ただし、島津軍からの降伏勧告の使者を、門前払いにするようなことはなかった。

宗茂は島津方の、心の内を読んでいた。岩屋城ですら、あれほど手こずったものを、より人数も多く、城も大きい立花城を気安く陥せるはずがない。できることなら、和睦を働きかけて……。立花城籠城の前から、宗茂は官兵衛と連絡をとっており、独自の間諜を豊前にも偵察に出していた。

「すでに秀吉軍は早鞆《はやとも》の瀬戸（現・関門海峡の、壇ノ浦《だんのうら》から和布刈《めかり》の間）の彼岸（現・山口県下関市の側）に集結せり」

虚報を攻城方へ流し、敵陣容を攪乱《かくらん》している。なかでも、島津の大勢に屈した九州の国人・土豪を、疑心暗鬼にするのが目的であったといってよい。

雲霞《うんか》のごとき島津の大軍を前に、宗茂が紹運同様に時間稼ぎをした挿話は、結構ある。父は生命を懸けて〝時〟を稼いだが、子はなかなか智略に長けていた。立花城を明け渡してもよいが、私の所領すべてを安堵してほしい、といったとか。

この頃、立花城主の立花家（戸次家）は、筑前国表糟屋郡四十八ヵ村、裏糟屋郡三十八ヵ村、席田《むしろだ》（蓆田）郡八ヵ村（計九十四ヵ村）に加えて、筑後国御井《みい》郡鰺坂《あじさか》、同三池郡新開、肥後国山鹿郡小坂《おさか》、同玉名郡小島などを領有していた（計三千町歩余＝約五万石）。

さすがに、前線指揮官の島津忠長らには、独断で返答できる裁量はない。彼らは肥後八代に滞陣する総大将義久のもとに伺いを立てねばならなかった。もし、力攻めにかかっても、その間に秀吉軍が九州へ上陸、侵攻を開始したならば、腹背に敵をうける形となる。それだけは、何としても避けたい。

だが、秀吉の九州征伐は大方の予想を超えて、早められている。何が何でもその前に、筑前を制圧し、関門海峡を押さえたかった。にもかかわらず、交渉はもとより成就せず、島津方についていた秋月種実などは、立花城はわれら筑前、筑後の兵が引き受けますので、ここは一度、引き揚げられて、態勢を整えてはいかがでしょうか、と持ちかけてきた。

——島津軍をはるかに上回る、十万を超える秀吉の遠征軍が迫っていた。

忠長は率いる全軍を一度、下げることにしたが、宗茂はこの退却を決して見逃したりはしなかった。実父の仇でもある。すぐさま兵に腰兵糧《こしびょうろう》を用意させ、八月二十五日の夜明けとともに追撃に出た。さすがに、道雪仕込みの立花勢は動きが速い。そして強かった。島津勢を激しく追尾して、筑後川の大木《おおき》の渡しに追いつめている。

宗茂、〝懸待一如〟を実践す

タイ捨流の秘伝に、

「悉《ことごと》ク懸待表裏《けんたいひょうり》ヲ根本と為《な》す」（「タイ捨流燕飛序」「タイ秘伝巻」所収）

という教えがあった。

これはタイ捨流において、第一義とするものであり、

「懸をもって懸とし、待をもって待となすは、常事なり。懸は懸にあらず、待は待にあらず。懸は意待にあり、待は意懸にあり」

そういいながら丸目蔵人佐は、牡丹の花の下で寝ている猫を指さしたという。ほれ、あれよ、と。ここでいう「懸」は、一念かけてきびしく斬りかかり、相手より速く斬り込むこと。

「待」はその相手の斬りに来るのを待って、用心を厳しくすること。先と後である。

しかし懸待一如は双方を同時にやれ、と命ずる。宗茂はただ必死に籠城を貫徹することだけを考えていたのではなく、打って出て、敵を殲滅《せんめつ》することをも同時に計画していたのである。呑気に眠っている猫は、次の瞬間、一気に獲物に向かって走ることができた。宗茂も同様であった。

彼は火を噴くような猛追を指揮しながら、川は渡らない。深追いを避けて兵を返した。

「ん?!」

立花家の老将たちが宗茂を見守っていると、若大将はその足で高鳥居《たかとりい》城に兵を向けた。

立花山の東南二里の地点。標高六百八十一メートルの若杉山の中腹に、その城の一つはあった。西の岳《たけ》の山《やま》（三百八十一メートル）の頂にも砦があり、計二つの城砦を筑紫広門の一族が守っていた。が、このたび島津軍が陥して、味方の筑後の兵を入れていた。

翌朝からこれを攻撃したのだが、後世からふり返って、これから始まる宗茂の、奇跡のような連勝の、真のスタートであったといえる。彼は守り＝籠城戦よりも、攻勢に打って出てこそ、その真価を発揮した。

この一人立ちしての、最初の戦を、彼はどのように戦ったのか。

まずは使者を送って降伏をうながしたが、城方は一途であった。拒絶された宗茂は、兵を西と南から各々、大手と搦手に分けて攻めさせた。

自ら太刀を振りかざして、頭上に雨散する矢弾の降りそそぐ中、先頭に立っている。二つの城砦は、午前中に陥落した。急ぎ論功行賞を終えると、宗茂は岩屋城奪還に向かう。

この彼の〝懸待一如〟の行動は、岩屋城を預かる秋月家中の面々にとって、まったく予期せぬことであったようだ。猛烈な勢いで攻め寄せる立花勢に、城兵は皆、浮足立ち、さほどの抵抗もみせぬまま、宗茂が意図的に開いておいた退路を、そうとも気づかずに逃げていった。

宗茂がこの時、一番心がけていたのが、城兵に火をかけさせないことであった。

父・紹運も火は使っていない。幸い父が切腹した高櫓も健在であり、そこで宗茂は父の辞世を読み、手にしていたであろう数珠の珠《たま》をいくつか、拾うことができた。

この八月二十六日、毛利・吉川《きっかわ》・小早川の秀吉軍先鋒三千が、本当に早鞆の瀬戸を渡り、無事に門司城に入城した。九月に入ると十日付の、秀吉からの宗茂へあてた感状が届く。

十月になると、毛利三家を主力とする軍勢が小倉《こくら》城（現・福岡県北九州市小倉北区）をはじめ、豊前・筑前の島津方の諸城を次々と陥し、進撃を開始する。

宗茂は島津氏と絶縁した龍造寺政家に遣いを出し、母・宗雲院を幽閉先から解放（弟の統増夫妻は、薩摩領内に連れ去られていたが、その後、島津劣勢の中で無事に返される）。

筑前の立花城を陥せなかった島津勢は、十一月に入ると矛先を、宗茂の旧主宗麟の大友本領の豊後へと転じた。迎え撃つ宗麟は、豊後国内の家臣たちからも相次いで裏切られ、当主の義統は行方知れず、わずかな兵と共に臼杵城（現・大分県臼杵市）に立て籠っていた。

この際、宗麟の用いたのが例の、「国崩」であった。この大砲はフランキ砲と呼ばれる、当時最新鋭のもので、ポルトガルから二門（十門とも）輸入したとみられる。素早い連射を可能にする、仕組みを備えていた。「令和」の現在、この「国崩」の勇姿（実物）は、東京都千代田区にある靖國神社付属の遊就館《ゆうしゅうかん》と、耳川の合戦で島津軍に分捕られた方は、鹿児島県歴史・美術センター黎明館に、各々展示されている。

秀吉先発軍、戸次川に敗れる

さて、好敵手の家康が、なかなか臣従してくれなかったために、容易に腰を上げられずにいた秀吉だが、宗麟じきじきの懇請もあり、とりあえず中国、四国の諸大名に先鋒としての出陣を命じたことは、すでにふれている。

中国勢には黒田官兵衛が軍監につき、毛利輝元、吉川元春、小早川隆景らの軍勢が八月十六日、豊前に上陸。彼らは筑後川を渡って、筑前への侵攻を企図する島津忠長ら島津勢に当たるべく、進軍を開始した。

と相前後して、四国からは仙石秀久《せんごくひでひさ》を軍監に、長宗我部元親―信親《のぶちか》父子、十河存保《そごうまさやす》らの軍勢が直接、豊後へ上陸している。彼らは日向を経て豊後に入り、すでに宗麟の諸城を攻撃中の島津家久の軍勢に立ち向かった。

島津側は八月二十八日の時点で、大友氏の庶家・志賀親守から、秀吉軍先鋒出陣の情報を、義久の将・上井覚兼を通じて入手していた（『上井覚兼日記』）。この親守については、志賀道輝としてすでにみている。

親守は臼杵丹生島城に籠城、自らも宗麟同様、キリシタンとなっていた。

天正十四年（一五八六）十二月十一日、仙石秀久や長宗我部父子の救援軍が戸次川に到着すると、島津家久は川を隔て対峙した。

軍議の席上、長宗我部父子は持久戦にもち込み、時間を稼ぐのが得策と主張したが、秀久が強固に渡河進軍策を譲らない。『土佐物語』は秀久の言葉を、次のように書き留めている。

「此川《このかわ》、九州一の大河にて頗る《すこぶる》難所なり。然《しか》りと雖《いえど》も大勢に切所なし。何ぞ恐るるに足らん。

いざや諸軍一同に渡して一戦に勝負を決すべし」

四国でのこれまでの、勢力争いがしこりとなっていたとしか思えない。秀久は意地を張り、それに十河存保が賛同したため、秀吉軍先鋒（四国勢）の軍議は開戦に決する。

十二日の夕刻から十三日にかけ、戦いは苛烈を極めた。とはいえ、戦局は一方的であったといえる。家久は敗走とみせかけ、自軍を退却させては敵を誘いだし、伏兵をもってこれを殲滅――島津のお家芸〝釣り野伏りの計〟の兵法を用いて、秀吉軍を分断。夜戦にもち込んで、随所で秀吉軍を撃破した。

長宗我部元親の自慢の嫡男・信親は、壮絶な戦死を遂げてしまう。手勢七百余名も枕を並べての討死。元親は伊予の日振島《ひぶりじま》（現・愛媛県宇和島市）まで落ちのびるありさま。十河存保も配下の兵五百とともに戦死を遂げ、作戦の首謀者・仙石秀久は豊前小倉城へ、同行していた大友義統も同じく豊前宇佐郡の龍王城（現・大分県宇佐市安心院《あじむ》町《まち》龍王）へ、雪崩をうって退却している。

「これならやれる」

秀吉軍の弱さを値踏みした島津家久は、鶴賀城を陥落させ、宗麟の籠る臼杵城へと殺到した。だが、天正十五年三月の時点で秀吉は、二十四州三十七ヵ国にわたる、大動員令を発し、総勢二十五万ともいわれる兵員と、軍馬二万頭を徴集して、大々的に九州への侵攻を命令していた。三月一日に大坂を進発した秀吉は、同月二十八日、豊前小倉に到着している。

二方面に分かれた秀吉軍の本隊は、筑前から筑後へ向かい、肥後をめざして南下。羽柴秀長率いる別働隊九万余騎は、豊後から日向に至るコースをとって進撃した。あたかも、島津勢の北上戦を逆に辿ったことになる。

途中、秀吉本隊は秋月方の豊前岩石城《がんじゃく》（現・福岡県田川郡添田町《そえだまち》）を一日で陥し、秋月種実―種長父子の拠る古処山城を四月三日に降した。

秀吉の九州征伐

『豊前覚書《おぼえがき》』（立花家家臣・城戸《きど》知正《ともまさ》―清種《きよたね》父子著）では、その翌々日に宗茂は、秀吉への謁見を果たしている。それに先だって関白秀吉は、九州北部の国人衆に、秋月への出頭を命じていた。

秀吉に薩摩攻めの先鋒を命じられた宗茂は、四月十二日には高瀬（現・熊本県玉名市）に到着している。他方、羽柴秀長の軍勢は、豊後占領を放棄して薩摩へ撤退した島津軍を追って、日向へ。宗麟の嗣子義統の先導で、耳川を渡って高城を囲む。

大友氏の九州覇権を一変させた、いわばその没落の象徴といっていいこの城を、秀長は圧倒的な兵力で一気に攻略。島津義久、義弘、家久らの軍勢を撃破し、弾みをつけたまま島津領内へ侵攻した。島津氏は、二方面から怒濤のように迫る秀吉軍を前に、戦意を急速に喪失。勢いに乗る秀吉軍は、島津側の意表をついて出水《いずみ》・川内《せんだい》へ上陸を敢行。宗茂はこの川内入りの直前に、弟・統増との対面を果たしている。

これに先立つ四月十七日、日向根白坂での合戦に敗れた島津軍は、五月二十一日に秀吉へ降伏。秀吉は川内川を遡って泰平寺に本営を設置した。

義久は自軍の降服を聞くと、「もはやこれまで」と悟り、五月八日、頭を丸めて悔悟の情を表し、黒衣をまとい「龍伯《りゅうはく》」と号して、川内の本陣へ秀吉を訪ね、正式に無条件降伏を申し入れた（主戦派の義弘は、兄義久の説得もあって五月二十二日、秀長に降伏を申し入れる）。

ただし、義久も一筋縄ではいかぬ人物だ。表向きには無条件講和を乞いながら、裏面で領土保全をはかるべく、配下の豪族たちに小規模な抗戦をゲリラ的に続けさせ、それを理由に薩摩・大隅・日向三国の安堵を、秀長を通じてしきりに秀吉へ働きかけている。

『島津家文書』によると、義久は秀吉に降参した翌五月九日、薩摩一国だけを安堵されたにすぎなかった。同月二十五日になって、義弘に大隅一国（ただし肝付郡は老臣伊集院忠棟）が

「新恩」として与えられ、二十六日には改めて義久以下、北郷時久《ほんごうときひさ》（日向都城領主）らの所領が安堵される。また義弘の次男・久保に日向の一部が与えられた。さらに翌年の八月四日、義弘に日向国のほぼ残りに相当する地域が許され、島津氏はこの段階で、実質的には元の領土を保持し得たことになる。

当初、秀吉は日向を大友氏に、嫡男を失った長宗我部元親には大隅を与え、島津氏を薩摩一国に押し込める心づもりでいたのだから、島津氏の各方面への働きかけによって、秀吉の意図は大幅に修正されたことになる。

それでも秀吉は、九州の諸大名・国人・土豪の大幅な配置替えを断行した。肥後にかつて織田家では同輩であった佐々成政《さっさなりまさ》を入れ、豊前三郡に黒田官兵衛（孝高）、肥前四郡に龍造寺政家、筑前二郡に毛利勝信《かつのぶ》（森吉成《もりよしなり》・秀吉の黄母衣衆《きほろしゅう》出身）、筑前・筑後の多くを小早川隆景、筑後の上三郡に毛利秀包《ひでかね》、そして筑後下四郡に立花宗茂を配置した。山門《やまと》郡・三潴《みずま》郡・下妻《しもつま》郡・三池郡の四郡であり、但し、三池郡は高橋統増（少輔太郎から弥七郎と改名）へ与えられている。のちの検地で、柳河十三万二千石と定められる。

さらに、筑後の上妻郡には筑紫広門、日向延岡に高橋元種（秋月種実の次男で、宗麟に謀叛した高橋鑑種の養子）、日向高鍋に秋月種実を配して、ほぼ九州の三分の二を入れ替えた諸大名で固め、島津氏の動きを完全に封じ込めた。否、天下人としての秀吉にはもはや、島津氏のことなど、その眼中になかったかもしれない。彼の目は朝鮮半島、明国へと向けられていた。

〝九州三国志〟は終息し、秀吉の妄想による本朝（日本）に唐（漢土）・天竺《てんじく》（インド）を加えた、新たなる〝アジア三国志〟が、秘《ひそ》かに開幕していたのである。

なお宗茂は、五月二十六日付で家臣の薦野賢賀《こものけんが》に、独断で「立花」の名字を与えている。すでにこの頃、宗茂は大友家の家臣としての立場を、完全に脱していたようだ。

第三章　日本無双——宗茂と豊臣政権

朝鮮出兵への序曲

秀吉が九州征伐、それにつづく国割を急いだ真の狙いは、商業都市博多にあった。

かつて宣教師のルイス・フロイスが、「東洋のベニス」と呼んだ博多は、たび重なる九州の戦乱に巻き込まれ、この頃著しく荒廃していた。

戦後、博多に立ち寄った秀吉は、本営を筥崎に設け、連日のように茶会を催しながら、その実は復興奉行に石田三成、世話役に黒田官兵衛、町割奉行に滝川三郎兵衛（雄利《かつとし》）、長束《なつか》正家《まさいえ》、小西行長らを任命・投入して、博多復興を急がせていたのである。

また積極的な海外貿易を行うための準備に、〝博多三商傑〟といわれた島井宗室《しまいそうしつ》、神屋宗湛《かみやそうたん》、大賀宗九《おおがそうく》（その息子・宗伯《そうはく》も）と意見交換をし、経済振興政策をも懸命に練っている。

秀吉は博多の商工業の振興助成を図り、町人の地租や夫役を免じ、武士の居住を認めず、商人の自由貿易を極力保護した。そのうえで、伝家の宝刀を抜くように、

「日本は神国たる処《ところ》、きりしたん国より邪法《じゃほう》を授《さずけ》候《そうろうの》儀《ぎ》、太以《はなはだもって》不可然《しからず》候《そうろう》」

天正十五年（一五八七）六月十九日、四項目の詰問書をイエズス会の宣教師P・ガスパール・コエリョに突きつけた。バテレン追放令である。キリシタン布教を禁止し、幕下の諸大

名に棄教を迫った秀吉は、見せしめに大名・高山右近の所領を没収している。

さらに翌天正十六年には、長崎のキリシタン教徒を追放。これら一連の施策は、秀吉の企てる朝鮮出兵に備えての布石であり、その意味で彼の九州征討は、天正十八年の小田原北条氏征討以上に日本史上への衝撃《インパクト》は大きかったといえる。

秀吉が最も気をつかった博多を含む筑前の支配は、隣国筑後と併せて、小早川隆景の領するところとなった。計三十七万石。

隆景は毛利元就の三男で、秀吉の信任も厚く、発足した豊臣政権では「五大老」の一人となっている。

その隆景が入城したのが、宗茂の居城・立花城であった（のち、名島《なじま》城＝現・福岡市東区へ移る）。秀吉絶賛の宗茂は地政学上、隆景の監視下に入ることになった。

筆者はこれも、朝鮮出兵＝「唐入り」成功を願っての、秀吉の画策であったと考えてきた。宗茂と領地を接する上妻郡には筑紫広門が、同じく御井・御原・山本の三郡には小早川秀包が入封している。この秀包も元就の九男であり、かつての諱は元総《もとふさ》。隆景の養子となっていた人物で、信長の中国方面軍を率いた秀吉による毛利氏との講和のおり、その人質となって以来、秀吉に可愛がられてきた。秀包の「秀」は、秀吉の諱を一字拝領したものである。

秀包はこのあと、朝鮮出兵で同じ歳の宗茂と共に戦うことになるが、なかなか良くできた人物であり、思わぬ災難《アクシデント》に見舞われなければ、後世、その名を大きく歴史に残せたであろうに、と残念でならない。

天下人に登りつめた関白秀吉には血縁者が少なく、そのため所帯が大きくなると正室・北政所《きたのまんどころ》（高台院）の実家の男子たちを重宝がり、活用することに。

北政所の兄・木下家定《きのしたいえさだ》の子で、秀吉の猶子《ゆうし》となっていた金吾中納言《きんごちゅうなごん》（金吾は官職・左衛門督の唐名）もその一人であった。が、このあと文禄二年（一五九三）八月に秀吉の実子・秀頼が誕生すると、金吾中納言はむしろ邪魔者となり、何処かの大名家に養子入りさせようと、秀吉が企んだ先が毛利輝元であった。

隆景は金吾の不出来な人物をみて、これを迎えては毛利本家を滅ぼすかもしれぬ、と身を挺してこの金吾中納言を自らの養子にと願い出た。これがのちの小早川秀秋《ひであき》である。

秀包はそのとばっちりを受けて、別家とさせられてしまった。微妙《デリケート》な立場といってよい。

宗茂流の派閥解消術

もっとも立花家は移封で天手古舞《てんてこまい》であり、秀吉の野心を慮る余裕など、宗茂にはなかったに違いない。養父道雪の遺言を奉じて、移封そのものをいやがる誾千代を説得し、六月十七日に柳河入りしている（同月二十五日、柳河を城地とした）。

『太宰管内志《だざいかんないし》』（伊藤常足《いとうつねたる》編・壱岐、対馬を含む九州全域の地誌）に、「柳河は也奈加波《やながわ》と訓《よ》むべし。柳の多き処《ところ》にて負わせたる」とあった。居城となった柳河（あるいは柳川、梁川、簗河）城は、戦国初期、国人・蒲池治久《はるひさ》が支城（砦か？）を築き、その孫である鑑盛《あきもり》がこの地に本格的な築城を行った、とされている。

鑑盛の子・鑑漣《あきなみ》（鎮漣《しげなみ》・鎮竝《しげなみ》・鎮並《しげなみ》とも）のおり、龍造寺隆信の謀略で、この城は鍋島信生へ。ついで龍造寺家晴（隆信の遠縁で家臣）が入城したが、さしもの道雪をもってしても、ついにこの城を抜くことができなかった。筑後、矢部の両川に挟まれた扇状地は、天然の要害、難攻不落の水城といってよかった。

この柳河城には、五つの支城が設けられており、重臣で別格扱い（大友家では同僚）の立花賢賀（前名・薦野三河守増時）を三潴郡城島城へ、小野和泉守鎮幸には同郡蒲池城（現・柳川市東蒲池）を預けた。同郡酒見《さけみ》城（現・福岡県大川市酒見）へは、戸次氏譜代で道雪の家老をつとめた由布雪下（美作守惟信）を入れている。

同郡安武《やすたけ》城（現・久留米市）には、一門衆として立花弾正忠鑑貞《あきさだ》を、山門郡鷹尾《たかお》（「たかのお」とも読む・高尾）城（現・柳川市大和町鷹ノ尾）には筑前の国人で、本来は道雪の与力であった立花（米多比《めたび》）三左衛門鎮久《しげひさ》を詰めさせた。

立花家の家老は、右の小野和泉守（五千石）、由布雪下（三千五百石）に、矢島采女（二千石）と十時摂津（千三百石）の二人を加えた四人となっている。

宗茂は道雪の従来からの家臣団に加え、紹運の許《もと》から来た者、筑前生えぬきの地元の国人・土豪、さらには大友家を牢人した旧臣を吸収しつつ、新生・立花家家臣団を一つに結束させねばならなかった。家中に派閥が幾つもあっては、迅速果敢な軍事行動はとれない。

しかし考えてみれば、養父道雪も実父紹運も、共に養子入りして新旧家臣団を一つにまとめる苦心に直面し、見事に成功させていた。宗茂はそれを身近にみて、育っている。

——秘訣がある、と宗茂はいっている。

「何事にても、われらは一分《いちぶん》に善きと存ぜしこと、悪しきと存ぜしこと、女房どもに申すも、家来、外様《とざま》へ、召使者へ申すも同様なり。元来、物隠すと申すこと、毛頭これなく、寝所につけても、申したることは、家中の又者《またもの》までも聞かせ度《たし》と存ずる程《ほど》に致し候《そうろう》」（『名将言行録』）

意味は、実に明解である。是《ぜ》は是、非《ひ》は非——だれに聞かれても恥ずかしくないことをいえ、と宗茂はいう。むろん、自らもそれを常日頃から心がけているということになる。

「よいことだろうと、悪いことだろうと、私は相手によって遠慮することをしない。それこそ女房に対しても、家来に対しても、（身分を問わず）同様にいっている。もともと、隠しごとは毛ほどもないのだ。寝所（プライベートな時間、空間）で口にすることも、家中の又者（家来の家来）にまでも聞かせたいと思うくらいである（隠しごと、嘘はいわない）」

今風にいえば、いささか〝空気の読めない〟宗茂の、あるいはここが真骨頂であったかもしれない。加えて立花家は、一息つく暇もなく、隣国肥後における大規模な一揆勃発に巻き込まれることになる。いなとよ（いやいや）とは、いっていられなくなった。

肥後の国一揆で活躍する宗茂

新たに肥後一国を秀吉から与えられた佐々成政（信長の家臣・黒母衣衆出身）は、検地をめぐって隈府《わいふ》城（現・熊本県菊池市）の隈部但馬守親永《ちかなが》と対立。ついには一国の国衆ことごとくが、成政に叛旗を翻す事態となった。

一揆勢はさすがに、〝九州男児〟――佐々の二つの出城を包囲し、糧道を断って気勢をあげた。対する秀吉は、小早川秀包を総大将として安国寺恵瓊を軍監に、筑後・肥前の諸将へ出撃を命令。小早川隆景は後詰として、筑後久留米城（現・福岡県久留米市）に入城した。

それに先だって隆景は、秀吉から内々に、その方に預けた筑前・筑後両国の者共が、この度の肥後の一揆に与《くみ》するようならば、「覚悟に任せ首を刎《は》ねるべく候」と指令を受けていた。

その隆景が注目する中で、目のさめるような働きを示したのが宗茂であった。

立花家の家政整わぬまま、宗茂は弟・統増の手勢も加え、千二百余騎で肥後南関《なんかん》（現・熊本県玉名郡南関町）へ素早く出陣した。

立花勢が着く前、大名方七千の援軍は、成政の隈本城《くまもと》（現・熊本県熊本市）へ兵糧を入れようとして、一揆勢にそれらを奪われ、大敗を喫する失態を演じていた。

一揆方の部将・有動兼元《うどうかねもと》が、とにかく手ごわかった。にもかかわらず宗茂は、兼元が包囲する二つの出城への食糧運び入れを、軽々と請け負う。家臣は憤慨（憤《いきどお》り嘆く）して、

「この小勢で一揆勢に勝とうとするのは、蟷螂《かまきり》が車に立ち向かうにも等しいことです。なぜ、お引き受けになったのですか」

と、若き主君に詰め寄った。

――ここでも、例の宗茂得意の名ゼリフが出てくる。

「彼のなすところを以て、これを我になせば、すなわち克たざることなし」

（『名将言行録』）

宗茂は援軍の失態（なぜ負けたか）を聞きとる一方、一揆方の伏兵が隠れる場所を特定し、先手を打って鉄砲隊をその要所にひそませ、そ知らぬ顔で食糧運搬に出発した。

一揆方が再び援軍を襲撃すべく、待ち伏せの地点に近づくと、鉄砲を雨霰《あめあられ》と射掛けられ、追い散らされてしまい、食糧は無事に運び入れられる。しかも宗茂らしいのは、一方で逃げた敵勢のあとをそろりと追い、彼らが城砦を構えるその中へ突入。〝懸待一如〟である。

兵を三分し、宗茂は自ら先陣を切って、当たるを幸いに敵を斬りまくったとされる。

戦闘中、敵の槍で左腕の肘を突かれたが、その槍を掻《か》い手繰《たぐ》り、敵を引き寄せて、自らその首を掻き切っている。宗茂は現存する彼の鎧兜から、身長一メートル七十五センチから八十センチと推定され、体格としては肉づきが良く、鍛え抜かれていたようだ。

戦局に劣勢はつきものであるが、そこは道雪仕込みの立花勢である。

「これしきの敵に猶予することが要《い》ろうか」「者共、この城を枕に死ねや」と、往年の道雪が輿に乗りながら、腕貫を付けた三尺の棒を手に、叱咤激励したように、宗茂や重臣たちは猛攻につぐ猛攻を指示。休息なしで戦い、勝っている。

つき従った立花の将兵は、さすがというほかはない。

肥後の一揆に立花勢は七度《ななたび》戦い、あるいは一日に五ヵ所戦い、討ち取った首は六百五十余。立花方の戦死者は百四十三人、手傷を負った者、宗茂をはじめ五十余名であったという。

小早川隆景がしっかりと、宗茂の将器を認識したのはこのときであったに違いない。

戦後、佐々成政は一揆の起きた責任を問われ、切腹して果てた。場所は摂津尼崎（現・兵庫県尼崎市）、天正十六年（一五八八）閏《うるう》五月十四日のことである。享年は五十、五十三、七十三など諸説ある。

宗茂の愚直な仕置きにみる一騎当千の創り方

一揆方は、降参すれば本領を安堵するといわれ、それに従ったが、秀吉はあくまでも両成敗を主張。一揆方の将領をことごとく、殺戮《さつりく》することを命じた。

このとき、「一揆棟梁人《とうりょうにん》」といわれた中心人物の隈部親永ほか十二人は、柳河城に預けられていた挿話がある。処刑の日、彼らは現在の午前十時頃、太刀などの武器をもって、城中二の曲輪《まがりわ》（郭《くるわ》のこと）までつれ出されたところ、ここで立花家の同数の討手十二人と、尋常に斬り合いをさせられたという。

十時摂津、同勘解由《かげゆ》、同伝右衛門、池辺龍右衛門、同次郎、新田掃部介《かもんのすけ》、内田忠兵衛、安東五郎右衛門、同善右衛門、石松安兵衛、原尻宮内、森下内匠《たくみ》の十二名が、一対一で十二人と斬り合い、相手を斬り殺した。

秀吉から検使に派遣されていた五奉行の一・浅野長政は、二の曲輪の櫓の上からこの様子を見物していて、驚嘆していう。

「普通は仕置きゆえ、武器など持たせず、大勢で囲んで不意討ちに処刑するものを、一人に一人の正々堂々の勝負とは、聞いたことも見たこともありませぬ」

彼はそのまま、信じられない、という顔で秀吉に報告すると、この天下人は納得顔で、

「流石《さすが》は立花、あの者ならあり得よう」

といったとか。史実は天正十六年（一五八八）五月二十七日、柳河城へ向かった親永ら二十名が、城下黒門で討ち取られていた。同じ人数で臨んだかどうかは、定かではない。が、筆者は宗茂の立花家ではあり得たかもしれない、と思い続けてきた。

――文禄五年（一五九六）の春というから、再度、朝鮮出兵が行われる直前のこと。

島津義弘に招かれた宗茂は、御供頭に二十九歳の立花三太夫（三大夫・森下治郎兵衛の嗣子・のち立花統次《むねつぐ》）をつれて島津邸へ。立花家重臣の中には、三太夫が若年であることを心配する者もあった。事実、出迎えた島津の番頭《ばんがしら》は意外そうに三太夫をみて、いう。

「只今から当屋敷において、わが殿が家臣を成敗いたします。その者にも家来があり、抵抗するようであれば、立花家のご家来衆も、加勢たまわりたい」

立花家の中には、当惑する者もあったが、三太夫は平然と了承し、

「もし、貴殿らが討ち残されるようなら、われわれが」

といい、さらには、

「――しかし、ご家来衆の敵味方が、われらにはわかりませせぬ。何《いず》れにしてもお屋敷の門を固めねばなりますまい。われらはまず、ご門を固めましょう」

そういって悠然と、島津屋敷の門を固めた。事件はそのまま、落着した。

その後、島津家の番頭が立花家へお礼言上《ごんじょう》に来て、次のようにいったとある。

「先日の三太夫殿のご配慮、わが主人義弘は大いに感服いたしました。とっさのこと、才覚、老功《ろうこう》（経験を積み物事に熟達している）の者でも迷うものを、お若い三太夫殿は瞬時も躊躇な

く、対応を口にされました。われら家臣一同、大いに感じ入っております」

立花家には〝懸待一如〟——いついかなるときにも、瞬時に決断して動ける、そうした訓練が先代道雪の時代から積まれており、一騎当千の家臣が揃っていたのだろう。

そして、その凄まじいまでの強さは、朝鮮出兵で驚異の戦果となって現われる。

着々と進む、秀吉の「唐入り」

——先の隈部親永に関しては、後日談があった。

宗茂はこの人物と肥後の名門・隈部氏が絶えることを惜しみ、一族の隈部鎮連の子・成真《なりざね》に本流の家を再興させて、自らの家臣に加えている。このとき秀吉はすでに没していたが、さすがに名字は憚られ、「隈部」ではなく「宇野」と称させた。

宗茂は天正十六年(一五八八)七月五日に従五位下に叙され、同日付で「侍従《じじゅう》」に任ずる宣旨《せんじ》を受け、さらに七月二十八日付で従四位下とする口宣案《くぜんあん》(勅命の内容を覚書風に記して渡すもの)・位記《いき》(位階を授けられる者に、その旨を書いて与える文書)を与えられた。

もっとも、旧主・大友義統が従五位であることから、宗茂は従四位を辞退したい旨、秀吉に申し述べたという。秀吉は了承し、しばらくは従五位に宗茂を据置いた。が、羽柴柳河侍従は誕生した。小田原征伐のおりには、宗茂は大坂滞在を命じられていたようである。

天正十九年年八月、一粒種の鶴松が死去し、悲嘆にくれた秀吉は関白職を甥の秀次《ひでつぐ》（秀吉の姉ともの長男）に譲り、自らは「太閤」となって、いよいよ「唐入り《からい》」を実行に移すべく、前線基地として肥前名護屋《なごや》（現・佐賀県唐津市）に御座所を設けることを命令した。

ふり返れば秀吉は、天正十三年七月に関白となったおり、その二ヵ月後には腹心の部将・一柳末安《ひとつやなぎすえやす》（直末《なおすえ》）に明国征服の抱負を述べていた（「一柳文書」）。翌年三月、秀吉はイエズス会の宣教師コエリョらに、明・朝鮮征服の意図を告げ、この宣教師は軍艦二艘と乗組員の提供を請け負っている（「イエズス会日本年報・『新異国叢書』」）。その翌月には毛利輝元に、同八月には安国寺恵瓊や黒田官兵衛などにも、九州平定の暁《あかつき》には朝鮮渡海・明国征服を心得ておくように、との指示を出していた。

併せて、秀吉は琉球《りゅうきゅう》（現・沖縄）にも狙いを定め、天正十六年には島津義弘を通じて、朝鮮も南蛮諸国も近々服属させる旨を、この年、琉球の次期国王・尚寧《しょうねい》に伝え（前国王の尚永《しょうえい》であったとも）、琉球の服属入貢を要求した。

琉球の新国王・尚寧は翌年九月、秀吉のもとに使者を遣わして入貢した。秀吉はいう、

「異邦を以て四海一家《しかいいっか》を作《さく》す者也《ものなり》」

と。四海（天下）はみな、天下人の自分のもとでは同胞であるというのだ。

秀吉はそういいつつ、琉球に明国征服のさい、その先導に立つことを強く要求した。これは天正十九年、形をかえて「唐入り」の軍役一万五千人分の代わりに、十ヵ月分の兵糧を七千人分、加えて名護屋城手伝普請《てつだいぶしん》のため、鉄三百斤《きん》（約十八キログラム）の献上を琉球国王に強要することとなる。

秀吉は対馬の宗《そう》氏における李氏朝鮮を、島津氏による琉球従属と同じように捉えていた。すべてはこの愚かな思い込み、大いなる誤解から始まった暴挙といえる。

混乱する三国

宗氏に対馬一国の安堵を与えた秀吉は、宗義調《よししげ》に朝鮮出兵の心得を示す。

これに対して義調は、朝鮮国王を参洛させることを条件に、朝鮮出兵の延期を願い出た。

秀吉は、朝鮮は宗氏に従属していると勝手に錯覚し、もし朝鮮国王が参洛しないのであれば、朝鮮を成敗するというのである。宗氏は朝鮮からの貢物、人質で誤魔化し、この降って湧いたような不幸な局面を、なんとか切り抜けようとするのだが、驚くべきことに、秀吉の誤解と同じものを一方の李氏朝鮮も持っていたのである。

「対馬島太守宗盛長《もりなが》（義調の三代前の宗氏当主）、世々馬島（対馬）を守り、我国に服事する」（柳成龍《リュソンニョン》著『懲毖録《ちょうひろく》』）——対馬はもともと朝鮮のものだ、というのだ。

ハングルの創案で名を残した世宗《セジョン》国王の代の『朝鮮王朝実録』には、次のようにある。

「対馬の島為《た》るや、本《も》と是《こ》れ我国の地、但《た》だ阻僻隘陋《そへきあいろう》（山険しく耕地狭き田舎）を以て、倭奴《わど》（日本人の蔑称）の拠《よ》る所と為《な》るを聴《ゆる》す」（『朝鮮王朝世宗実録』世宗元年六月壬午《じんご》）

天正十八年（一五九〇）十一月七日、秀吉は聚楽第《じゅらくてい》（じゅらくだい、とも）で朝鮮通信使と面会した。彼らの来日目的は、秀吉の日本国統一を祝賀することであったが、この天下人はいきなり、明国征服の先導を命ずる書翰《しょかん》を突きつけた。当然のごとく、話は噛み合わない。

やがて帰国した通信使は、朝鮮国王にどのように復命したのか。正使の黄允吉《ファンユンギル》は、秀吉がわが国へ出兵するであろうと復命した。ところが副使の金誠一《キムソンイル》は、秀吉はとるに足らない人物であり、出兵はない、黄允吉の報告は大げさで、人心を揺動させるものだ、と報告。

朝鮮側は、副使の復命を正しいものと判断した。なお、この王朝での判断の裏には、左右士林派《しりんは》（在地両班《ヤンバン》）の派閥抗争があったのだが、これにふり回されたのが明国であった。

秀吉が日本国王の地位を簒奪《さんだつ》し、琉球・朝鮮を席捲して、明国併合を企てている、との情報を、明国は薩摩にいた明人の医師・許儀後《きょぎご》や商人の陳申《ちんしん》、さらには琉球からも得ていた。

ところが肝心の朝鮮王朝は、秀吉の明国征服計画のあるなしを巡って紛糾、いまだ実状がはっきりしないいまま、宗主国の明に伝えては両国の関係が混乱する、と「従軽奏聞《じゅうけいそうもん》」（使者に託して軽く奏聞する）にとどめてしまう（『朝鮮王朝宣祖修正実録』）。

しかし秀吉は、来年（天正二十年）三月一日を期して、と明国征服の動員令を天下六十余州の諸大名に発していたのである。

加藤清正などは、出陣したならば明国二十ヵ国は拝領するぞ、とやる気満々であった。

いよいよ後世に悪名を残す朝鮮出兵＝文禄・慶長の役が始まる。先方では、「壬辰倭乱《じんしんわらん》」と呼んだ。

大航海時代は〝力〟が正義だった?!

——まずは立ち止まって、当時の世界情勢を見直してみることから始めたい。

戦国時代、わが国においては〝日本国〟という概念がそもそも育っていなかった。

徳川幕藩体制の二百六十五年間にも確立せず、ようやく日本人、日本国が誕生したのは、明治に入ってからしばらく経過してからのことであった。そのため戦国日本に暮らす人々にとって、国といえば旧国名で呼ばれる範疇が最大の国境線であり、九州には九つの国があって、それ以上の大きさ——九州、四国、本州という括りは、そもそも知りようがなかった。人々は銘々の土地にしばられて、生まれ、死んでいった。

第一、日本が統一された史上最初の政権こそが、秀吉の豊臣政権であったのだ。

戦国日本の人々は、誰も国家の概念も実感も持ち合わせてはいなかった。

なるほど鎌倉時代にも、室町時代にも幕府は存在したが、天皇領や神社仏閣領をあご一つで、動かすことが出来るようになったのは、秀吉が史上初めてであった。

彼はそれまでになかった強力な統一政権を作り出したものの、まだ誕生したばかりの〝日《ひの》本《もと》〟と、隣国・李氏朝鮮の関係を、正しく認識する知識を持っていなかったのである。

おそらく秀吉は、日本統一の実績から、唐・天竺（中国とインド）も含めて、簡単に自分のものにできる、と信じていたのではあるまいか。

先に引いた、朝鮮からみた対馬がそうであったように、アジアの国々には、何処にも国家という概念は、淡々《あわあわ》としてしか存在していなかった。今日のような毅然とした、衝立《ついたて》を立てるように仕切る主張は、存在しなかったのである。

その証左に、大航海時代にヨーロッパから世界を回ったイスパニア（スペイン）とポルトガルの二国は、日本の明応三年に相当する、西暦一四九四年六月の時点で、カトリック教皇アレキサンデル六世のもとで、「トルデシリャス条約」という、とんでもない条約を平然と交わしていた。世界を二国で二分するという、約定《やくじょう》を交わしたものであった。

この両国分け取りに従えば、日本はポルトガル領となる。日本に住む人々も、他の国や地域に暮らす人々も、あずかり知らない間に、イスパニア領、ポルトガル領に区分されていたわけだ。理不尽ではあったが、現に呂宋《ルソン》(現・フィリピンのルソン島)は、イスパニアの総督レガスピが派遣した艦隊によって、西暦一五七〇年に総攻撃されたうえで陥落し、翌一五七一年六月、イスパニア軍将兵がマニラ市に入城していた。

マカオ(現・中華人民共和国マカオ特別行政区)は西暦一五五七年、ポルトガルから海賊の討伐に協力した見返りとして、永久居留権を要求され、明国がこれを認めていた。マカオはポルトガル領土としてのイメージが強いが、当初は明国に地代を払うことで居住権を得る、〝租借地〟にすぎなかったのである。一八四九年頃まで、ポルトガルは中国に租借料を支払っていた(アヘン戦争後は、完全にポルトガル領としたが)。

それまでもイスパニアは国策として、アステカ王国を滅ぼし、インカ帝国を滅亡させていた。他国を侵略するうえで、大義名分などなかったのが、この大航海時代であった。

――腕力の強さだけが、正義であったといえる。

幻のイスパニア対日本軍の対決

彼らヨーロッパ勢の常套手段は、秀吉の解説を聞くまでもなく、まずはキリスト教の宣教師を送り込み、商人を派遣し、出向いた先の国や地域で内乱を煽り、それに乗じて、一方に手をかし、武器を賦与して内乱を大きくし、全体的に国力やその地域での現地軍事力が低下し、国権や地方支配権が麻痺すると、待ってましたとばかりに、一気に武力ですべての抵抗勢力を制圧する、といった具合であった。

この力こそが正義だという野蛮な主張は、幕末の日本をねらって欧米列強がくりひろげた暗闘と、少しも変わるところはなかった。大航海時代、ポルトガルに比べてイスパニアがよりひどかった。他国を強制的手段でねじ伏せ、なんら罪の意識をもたない。キリスト教を布教することについては、国内でも論争があったが、大勢はヨーロッパ人を高尚とし、アジア・アフリカの現地人を野蛮人と見なしていた。

「ある種の人間は、生まれつき奴隷である」

という、古代のアリストテレスの言葉を持ち出し、己れの行為を正当化したのである。

もしも、ポルトガル人より先に、野蛮な実行力に富むイスパニア人が日本に到達していたとすれば、あるいは日本の戦国史も大幅に書き直されていたかも知れない。

ポルトガルは、イスパニアよりはましであった。が、大友宗麟がそうであったように、九州の大名たちは争ってポルトガル船を歓迎し、その過熱ぶりが表裏一体のキリスト教への入信を促進し、ついには大村純忠《すみただ》―喜前《よしあき》父子のごとく、長崎とその南の茂木《もぎ》（現・長崎県長崎市茂木町）をイエズス会に譲渡する事態にまで発展していく。

一説に、大村氏はイエズス会に多額の借金があり、要求されるままに長崎を手放したともいう。これは天正八年（一五八〇）のことであった。イエズス会に譲渡した領土は、秀吉が九州征伐のおり一方的に没収して事なきを得ている。ポルトガルは報復する〝力〟がなかったゆえに、沈黙したにすぎなかった。

二十一世紀の昨今になって、ポルトガルを併合したイスパニアのフェリペ二世が、無敵艦隊《アルマダ》を出撃させて、明国に進出した日本の秀吉と対戦を行う、との〝夢の話〟を語る向きも出てきたが、国境線の概念同様、ヨーロッパの植民地政策もこの時代、稚拙であったといえる。フェリペ二世は生涯に二度、破産宣言をしており、イスパニアは侵略国家ではあっても、奪い取った植民地の富を自国の産業に振り向け、育てるということのできない未成熟な国であった。

己れ個人の収入を得られれば、フェリペ二世はその後のことなど何一つ考えていない。そのため先行した植民地での利益は、ネーデルラント地方（のちのオランダ）や後進のイギリスに奪われ、自国イスパニアの民はカトリックを嫌い、新天地を求めて、それこそアメリカ大陸をはじめ全世界の植民地へ移住していた。

切迫した内情とは裏腹に、外見上膨張を続ける「太陽の沈まぬ国」＝〝イスパニア帝国〟は、その〝力〟の象徴ともいうべき大艦隊＝無敵艦隊を確かに擁してはいた。

しかしイスパニアは財政上劣勢であり、当時、大西洋の制海権をめぐってこの国と争う宿敵イングランドは、ネーデルラントを背後から支援し、ホラント（オランダの国名のもと）をはじめとする北部の七州に、独立宣言（一五八一年）を出させるにいたっている。

これに危惧を抱いたフェリペ二世は、イングランド本土への、武装上陸を決断した。

朝鮮出兵はバブル経済と同じ轍《わだち》

無敵艦隊の決戦――これは秀吉が命じて、「唐入り」が決定される数年前――日本の天正十六年にあたる一五八八年に戦われたもので、無敵艦隊はイギリス艦隊との海戦で大敗北を喫し、急速に制海権を失っていくこととなった。

むろん秀吉はこのことを認識していなかったが、いかにアジアの宣教師たちがフェリペ二世に「いまこそ、明国を併合しましょう」と訴えたとしても、イスパニアの王には、すでにその資格=実力がなかったのである。

——歴史を史片だけで、判断してはならない。

もちろん明国にとっても李氏朝鮮にとっても、イスパニアであろうが秀吉であろうが、外患は迷惑以外の何ものでもなかったろうが、この秀吉による無謀な明国遠征計画は、もう一方の忘却しがちな歴史の視点を、我われ日本人に思い出させてくれるきっかけになった。

歴史はくり返す——秀吉は主君信長の横死から、その〝天下布武〟の遺志を受け継ぎ、見事、八年で小田原征伐とその後の奥州仕置によって、天下統一を完成させた。

これは日本史上の快挙であった。それこそ「昭和」の敗戦後、焼け野原となった祖国を高度経済成長の波に乗せ、GNP(国民総生産)世界第二の国とした日本と、同じであったといえる。が、くり返す歴史は、その後の展開も同じであったことを雄弁に語っていた。

諸大名は何処の家も、次から次へと起きる合戦を念頭に、より広い領土を獲得するため、有能な人員を過剰に抱えていた。ところが秀吉の天下統一により、国内に攻めとる土地がなくなってしまい、各々の大名には固有の領土が確定されてしまう。

次の合戦での功名を当て込んで、余分に将兵を抱えてきた諸大名は、困惑してしまった。この抱えすぎた人員を、どうすればいいのか。そこへ秀吉から、とんでもない明国遠征計画が発動された。それは大名たちにとって、さらなるやる気を与えるための、秀吉の統治政策でもあり、大名たちにすればまだ身代が大きくなるとの野心を抱かせるものでもあった。

大名の中には今のままでよい、と考えていたものも少なくなかったであろう。

しかしこの天下人に諫言できる人間は、いつしかいなくなっていた（数少ない可能性の弟・秀長は天正十九年〈一五九一〉正月に亡くなっている）。

それでなくても、煮え滾《たぎ》るような時代の勢いを止めることは至難のわざであった。

高度経済成長期から、「昭和」の日本がバブル経済に突っ込んだように――。

人は破綻して、はじめて猛省するもののようだ。のちの徳川家康は、秀吉の朝鮮出兵の愚挙の反省に立って、己れの政権を築くことができたといえる。

人間は痛い目を見なければ、本当のところは悟れないものなのだろうか。

長くつづいた戦国の熱気に煽られるようにして、気がつけば、俗世に欲のない宗茂も二千五百人の「陣立書《じんだてしょ》」を割り当てられ、小早川隆景指揮下の第六軍（一万五千七百人）の第二陣に組み込まれての出陣となる。柳河城の留守居は、立花賢賀に託された。

おそらく宗茂には、柳河城主としてくれた〝太閤〟秀吉への、恩義に報いるとの直截《ちょくせつ》な気持ち以外、何ほどの野心もなかったのではあるまいか。

日本軍の快進撃と第一回軍《いくさ》評定

明国遠征軍は九州・四国地方の大名を手当てし、総勢およそ三十万——。

第一軍は小西行長・宗義智《よしとも》・有馬晴信・松浦鎮信《しげのぶ》ら率いる一万八千七百人。第二軍は加藤清正・鍋島直茂・相良頼房（のち長毎）らの軍勢二万二千八百人。第三軍は黒田長政・大友義統（天正十六年〈一五八八〉に、同音の「吉統」に改名）らの一万一千人。第四軍は島津義弘・毛利勝信・高橋元種・秋月種長らの一万四千人。第五軍は福島正則《まさのり》・長宗我部元親・生《い》駒親正《こまちかまさ》らの二万五千二百人。

そして第六軍の小早川隆景については前述している。

ここまでを、第一軍とくくる史料もあった（本書は第一軍〜第六軍とした）。

第七軍は毛利輝元の率いる三万人。第八軍が宇喜多秀家率いる一万人。第九軍が羽柴秀勝《ひでかつ》（秀吉の姉・ともの次男）・細川忠興らの一万一千五百人。

さらには九鬼嘉隆《くきよしたか》・藤堂高虎《とうどうたかとら》・加藤嘉明《かとうよしあき》らの水軍九千二百人が軍列に加わった。

これら第七軍からを第二軍とするものもあり、各々の兵力も一、二割少ないとする史料もある。総大将は宇喜多秀家、副将軍は毛利輝元――二人共に、戦に関しては素人といってよく、箔《はく》を付けるための秀吉の演出といってよかった。

加えて肥前の本陣・名護屋には、徳川家康以下が七万三千三百の後詰の兵を持ち、これに秀吉直属の三万七千七百が別に控えていた。

当時の朝鮮出兵にかり出された日本武士は、しめて二十七万八千八百人となった。

日本軍は本当に来るのか、それとも来ないのか――派閥抗争の中で揺れていた朝鮮王朝の方針の隙をつくように、日本軍は大挙、渡海して半島に上陸するや、破竹の勢いで進撃を開始する。四月十二日、釜山《プサン》に上陸した小西行長の第一軍は、釜山鎮《ジン》（城）に籠る鄭撥《チョンバル》以下六千人を翌日には陥れ、朝鮮国王・李昖《イヨン》は一戦も交えることなく、開城《ケソン》に向けて逃走した。

日本軍は東萊城《トンネ》を取り囲み、南門の外に、

「戦わば則《すなわ》ち殺し、戦わずんば則ち道を仮《か》せ」

と木札を立てた。「仮途入明《かとにゅうみん》」「征明嚮導《せいみんきょうどう》」である。

東萊府使（行政府の長官）・宋象賢《ソンサンヒョン》は、

「戦死するは易《やす》し、道を仮《か》すは難し」

と返書を投じ、戦闘へと突入した。

日本軍は二万の城兵を攻めて、これを打ち破った。第一軍は左水営《ジャスヨン》―梁山《ヤンソン》―密陽《ミルヤン》―大邱《テグ》―仁同《ジンドウ》と陥して、慶尚道《キョンサンド》と忠清道の境を越え、忠州《チュンジュ》で申砬《シンリプ》の軍を撃破する。

第二軍の加藤清正の軍勢は、四月十七日に釜山に到着。梁山―彦陽《オンヤン》と侵攻、二十日には慶州《キョンジュ》を攻め落とした。黒田長政と大友吉統の第三軍一万一千は、四月十九日に安骨浦《アンゴルポ》へ到着し、次に金海《キメ》城を陥落させる。伝令が激しく往来し、全戦全勝の日本軍は、総大将の宇喜多秀家を迎えて、四月二十四日、東萊城における第一回の軍評定が行われた。

五大老の一人とはいえ、この時、秀家は二十一歳。信長の中国方面軍司令官であった秀吉に、宇喜多家の家臣団がその将来を託したことから、その膝下で育った。

備前・美作・備中半国の五十余万石（朝鮮出兵後は五十七万石余）を領有する大名となっており、性格は直情傾向が強く、苦労をしたことがないため、忍耐強さに欠けていた。戦の指揮を直接とったこともなかった。

そうしたことから、空威張りで今一つ貫禄に欠けているのはいいとしても、あまりの日本軍の快進撃に、かえって戸惑ってしまい、逃げた朝鮮国王を急ぎ追うべきか、それとも太閤の指示を改めて仰ぐべきか、決断ができなかった。そのため、諸将の意見は割れる。

日本・朝鮮・明国にまたがる国割計画

評定が紛糾する中で、六十歳の老練の将・小早川隆景は宗茂を名指しで意見を求めた。

会場が水を打ったように、静かになった。居合わせた誰もが、宗茂の戦歴と太閤の評価を知っていた。

「某はかつて、将が戦場に臨んでいるときは、君命を受けずに行動することもある、と聞いております」

と前置きして、宗茂は時機を失うことなく、王城の警備や国中からの兵の召募《しょうぼ》（呼び集めること）が整わぬ前に、追駆して攻めるべきではないか、と進言した。この『名将言行録』の記述が正しければ、宗茂は『孫子』の「君命も受けざる所あり」を学んでいたことになる。戦は敵情によって、臨機応変の処置が必要だ、と孫子は語っていた。

このおり隆景が、「なぜ王城の整備や兵の召募ができていない、といえるのか」と尋ねると、宗茂はこれまでの快進撃を例に挙げ、さらに敵の捕虜への尋問で、この先の要害数ヵ所を聞き出したことにも触れて、準備が整う前に、と重ねての進軍を主張した。

彼は肥後の一揆鎮圧のおりと同様、出来る限りの情報を集め、常に分析して、具体的な作戦を己れの中に落とし込んでいたことが知れる。宗茂の進言は採用された。

結果、日本軍は五月三日、朝鮮の都・漢城《ハンソン》（現・ソウル）への入城を果たす。

知らせを聞いた秀吉は喜び勇んで、自ら渡海しようとするが、周囲に止められ、かわりに石田三成、大谷吉継、増田長盛《ましたながもり》、前野長康、長谷川秀一《はせがわひでかず》、木村重茲《きむらしげこれ》、加藤光泰《みつやす》の七人を奉行に任じて、行政・軍令の監督に当たらせることになる。

このおり、秀吉が広げた大ぶろしき＝三国にまたがる国割計画が発表された。

後陽成天皇（第百七代）に北京へ行幸願い、皇室・公家領として明にて十ヵ国を宛がい、関白秀次をつけて、彼の大名関白領は百ヵ国とするという。

それとは別に、日本の帝位に若宮＝皇子良仁《かたひと》親王（後陽成帝の第一皇子・のち覚深入道《かくじんにゅうどう》親王）か八条宮《はちじょうのみや》（皇弟・智仁《としひと》親王）を就かせ、その関白に羽柴秀保（秀吉の姉・ともの三男）か宇喜多秀家を配する。

朝鮮半島にはこの度の第九軍にいる羽柴秀勝を、九州には小早川秀秋を置き、京都聚楽第の留守居は、未定ながら当初は増田長盛、大谷吉継、石田三成らに任せるというものであった。

秀吉の構想した国割でいけば、当然のことながら出征した大名たちの領地は、より大きく膨らむはずであった。なにしろ明国の南部に移封となった大名は、さらに進んで天竺＝インドを切り取ることも苦しゅうからず、というのだから。

では、秀吉自身はどうするつもりでいたのか。彼は寧波《ニンポー》に移ることを希望していた。南蛮も含んだ世界貿易の拠点を、ここに築くつもりでいたようだ。秀吉は日本軍の勝利を信じて疑わなかった。その根拠の一つが、負け知らずの宗茂であったといってよい。

彼は明国へ通ずる漢城の南大門に、第六軍の仲間と駐屯していた。

活躍しても評価されない家臣へ、宗茂はいう

天正二十年（一五九二）六月、漢城から北西五、六里と隔たったところに、朝鮮国軍が六、七千人、自然の要害を利用して立て籠っていることが判明する（この年の十二月八日に「文禄」と改元、したがって後世はこの外戦を文禄の役と称す）。

日本軍の諸隊は、大名ごとに入れ替わり立ち替わり攻めたが、蜂須賀家政も有馬晴信もうまくいかず、虚しく隊を引きあげてきた。

これに業を煮やしたのが、宇喜多秀家であった。宗茂に追い払ってこい、と軍令を出した。

宗茂は偵察の斥候を放ち、高いすすき野原が邪魔になっていることを知ると、夜のうちに

軍属の人夫を出して、月明かりの中で草を刈らせると、さっと後方へ退かせた。

敵がこの行為に気がつき、残念がったことを確認した宗茂は、今度は草刈りの人夫の後方に、一千余の兵を三方へ分けて伏せさせる。これも肥後で、すでに使った戦法であった。

「敵が寄せてきたら人夫を逃がし、三方から敵を追い、そのまま攻め込め」

と、宗茂は下知を与えている。

敵兵がよくも昨晩は、と草刈りの連中を討ち取るべく、二、三千人もが追ってくると、宗茂は人夫を後方へ下げ、敵を十二分に引き付けて三方から攻めかかり、押し返されるごとに打ち破って敵の隠れ砦を強襲、敵を七百余人討ち取っている。これを南大門の戦いという。

そうした一方で、小西行長と宗義智の二人は、平壌《ピョンヤン》に逃れている国王李昖に対して、講和の申し入れを行ったが、国王はそれに応じず、六月十一日にはさらに義州《ウィジュ》（現・朝鮮民主主義人民共和国の義州郡）へと逃れた。

同十五日、日本軍は戦わずして大挙、平壌を占拠。朝鮮八道の経略を諸将が分担することになり、国王の行方を追求することになる。清正は進軍の途中、臨海君珒《りんかいくんしん》と順和君𤣰《じゅんわくんほ》の二王子を捕えたが、そもそもこの〝奇貨〟は都から左遷され、明国を逆恨みしていた役人・鞠《クク》景仁《ギョンイン》からの密告に拠っていた。

宗茂参加の第六軍は、秋風嶺《チョプンニョン》から黄澗《ファンガン》――永同《ヨンドン》を経由して、全羅道《チョルラド》へ進む経路を委ねられ、途中、隊を分けながら進んだが、行くほどに朝鮮民衆の義兵による抵抗が起き、戦線が拡大するにつれて、各地の占拠した地域の分散配置が手薄となった。

そのため敵軍に背後を衝かれ、慌てて兵を返したりもしている（錦山の戦い）。

こうした中でついに、朝鮮国王は明王に救いを求めた。

このとき明国は国内に叛乱を抱えていたが、明王は宗主国として朝鮮の救援を決め、遼東半島副統兵（将軍の下にあって兵を統率する武官の副官）・祖承訓《そしょうくん》率いる一万五千の兵を、七月、鴨緑江を越えて順安へと派遣する。朝鮮国軍を合わせて六万の大軍――その中から、祖承訓の部将・史儒《しじゅ》の五千余騎が突如、小西行長の陣に攻めかかった。不意を突かれた小西勢を、黒田、大友の一万一千余が駆けつけて救出。両勢は合わせて追撃し、史儒に重傷（のち戦死）を負わせたものの、途中、朝鮮国軍三万に黒田勢が取り囲まれる事態が出来《しゅったい》した。

このとき、この危機を救ったのが立花勢であり、二千余騎が鉄砲を放って突撃し、敵軍を大いに慌てさせた。日本軍は三千五百余の首級をあげる。安定館の戦いという。

ところがなぜか、戦功は救い出された小西行長のものとなる。

先の南大門の戦いでもそうであったが、生命懸けで戦いながら、皆目、評されないことを、悔しがる立花家の面々が、宗茂に愚痴を言うと、彼は一言、次のように返答した。

「少しのことを言い立てるようになるは、心ある者の聞きてはよからざることなり」

（『名将言行録』）

手柄顔は見苦しい、というのだ。あとでとやかくの功名争いなどするな、と家臣を諫めて宗茂は続けた。心ある人が聞いたらなんと思うか――しかるべき人々は、ちゃんと見てくれている、と彼は言いたかったようだ。

残念な人と、対照的な宗茂の活躍

後世から検証すると、明王もこの辺までは日本軍をなめていたようだ。

けれども、祖承訓は敗走した。このままでは明国本土も危ない、と遼東の国境防備を厳重にするよう通達を出し、本気で日本軍の襲来に備え始める。

その一方で日本の事情に詳しいという、沈惟敬《ちんいけい》（明国将軍付の外交使節）に、日本軍との折衝に当たらせた。和戦両構えの中で国内叛乱を鎮圧した李如松が凱旋してくる。彼はすぐさま日本軍征討の提督に任じられ、この年の十一月、明兵四万三千を率いて北京を出陣した。途中、朝鮮国軍十万余と合流。翌文禄二年（一五九三）正月七日、平壌の総攻撃を敢行する。大砲の砲声が万雷のごとくに轟き、火箭《かせん》は赤く流れ、突撃の喚声《かんせい》は山河に木魂《こだま》した。

この一戦、守りきれなかった日本の第一軍は、七千が大同江の氷の上を逃走している。明軍は二千の日本将兵の首を挙げ、武器四百五十を奪い、捕虜となっていた朝鮮の人々一千余人を救出。明軍の死傷者は四千余であったという。いよいよ、朝鮮出兵の前半戦（文禄の役）の最大の山場、圧巻《ハイライト》というべき碧蹄館《ピョクチェグアン》（慣用読みは、へきていかん・碧蹄城）の戦いが近づいたのだが、この小西勢の平壌城敗北のおり、七十余キロの南方にある鳳山《ボンサン》城には大友吉統が入城していた。

白川《ペチョン》城には第三軍の黒田長政、平壌《ピョンヤン》城には第六軍の毛利秀包、牛峰《ヌホン》城には同じく立花宗茂、開城城には第六軍の大将・小早川隆景が各々、在陣していた。

明・朝鮮連合軍に平壌を襲われた行長は、当然、分散する味方へ救援を求めた。

この時、吉統は、敵の大軍が平壌を陥したら次はこの鳳山城だ、と戦う前から怖じ気づき、今のうちに退くべし、と逃走をはかった。彼は九州戦線で島津勢に攻められたおりも、腰が定まらず領国内を逃げ回っていた、と悪評されたが、この時はさすがに、己れひとりで逃げてはまずい、と知恵を巡らせて、旧臣の宗茂を誘うべく、牛峰城に寄っている。

「小西殿は敵の重囲に陥り、すでに討死なされたという」

だから、一緒に漢城まで退いて欲しい、というのだ。

宗茂はこのおりも、油断なく周囲に諜報の人々を放っている。小西殿の包囲されたのは昨夜で、まだ討死のことは聞いていません。敵を見てもいないうちから、引き下がることはできませぬ。共々後詰をいたしましょう、と戦うことを進言した。

しかし、恐怖で顔面蒼白の吉統は、宗茂の言葉も聞かず、そのまま次に黒田長政の白川城へ逃走。長政に宗茂と同じようにいわれると、次々と味方の城を回って、ついには毛利秀包の平壌城へ駆け込む。

秀包は吉統の義弟（秀包の正室が吉統の妹）でもあったが、家臣に小西行長の生死を確認させ、偽りとわかると、このことを漢城の宇喜多秀家と在陣中の三奉行（石田三成、増田長盛、大谷吉継）、さらには小早川隆景に注進した。吉統はこの逃走が原因で秀吉の逆鱗に触れ、領地をことごとく没収されてしまう。このとき吉統の子・義乗は、秀吉の近習《きんじゅ》として仕えていたが、家康に預けられることになる（関連第一章参照）。

宗茂はどうしたか。果敢にも三千騎を率いて平壌へ、小西行長を救援におもむき、途中、空の鳳山城経由で落ちてきた行長と行き合う。このとき行長も三千騎を従えていたが、彼は敵の大軍が二里（約八キロメートル）ほどの距離に迫っている、と言いながらそのまま行ってしまおうとする。

それを見て宗茂の弟・統増（当時は宗一）が、小西勢を引き止めて、六千をもって敵の大勢を迎え撃つべきではありませんか、と問うたが、宗茂は敗戦で負け犬のようになっている輩《やから》は、役にはたたぬ、と小西勢をそのまま去らせた。

そのうえで、かねてより用意していた金兜《かなかぶと》を自らの兵に被らせ、陽の光に輝かせながら、隊を五つに分け、得意の伏兵による、敵を十分に引き寄せての奇襲で突っかかった。

敵は恐慌《パニック》をきたし、立花勢の少数であることを摑めぬまま戦線を離脱する。立花勢は明軍一千人を討ちとったという。この戦いを後世、龍泉の戦いと呼んだ。

なお、このおりの金兜＝金箔押桃形兜《きんぱくおしももなりかぶと》は、今も立花家史料館に多数、現存している。

先鋒は立花宗茂！

——遥《はるか》に大軍であるはずの明軍が、宗茂を恐れて、日本軍と十余里を隔てて陣を構えた。

漢城で宇喜多秀家と三奉行が協議した結果、日本軍は漢城《ここ》に集結。一丸となって明・朝鮮連合軍に当たることとなった。が、城内は小西勢の敗走、大友吉統の逃亡で意気消沈。敵は日毎にその兵数を増すのに、日本軍は戦う以前から敗戦の雰囲気《ムード》に陥ってしまう。

こういうときこそ、頼りは総大将の叱咤激励なのだが、苦労知らずの宇喜多秀家には、この状況をどう挽回することもできない。日本からの援軍を待とうか、といい出すありさま。

宗茂はこれまで一度も戦いで敗れたことはなかったが、周囲の嫉妬であろう、皆目、彼の軍功に頼ろうとする者は出なかった。諸将にも、武人としての意地があったようだ。

小早川隆景だけが、宗茂に期待していた。隆景は籠城の先を読んでいる。籠城すれば当然、食糧輸送の途《みち》は絶えてしまう。兵糧攻めにあって、さて援軍が間に合うのか。

沈黙する諸将の中、珍しく宗茂が進み出た。おそらく隆景が目配せでもしたのだろう。勢いにのって攻めくる敵軍、その出鼻をこそ叩くべきです、と宗茂はいった。

なにを若造が、と諸将から物言《ものい》いがつく前に、なるほどと素早く隆景が同意する。

「――たとえ敵が何百万騎、寄せてこようとも、私は今生の思い出に一合戦するまでだ」

カッと目を見開いて、老将隆景が言い放った。否(不同意)をいうものは出ず、日本軍は漢城を打って出ることに衆議一決した。

東大門に小西行長の四千騎、西大門に宗茂の三千余騎、南大門に黒田長政の七千余騎、北大門に石田三成、増田長盛らの四千余騎が配置される。そのほかの諸将は遊軍となり、小早川隆景は一万余騎を率いて先鋒となるべく南大門に屯営した。日本軍総数六万余騎――。

そこへ、李如松の明・朝鮮連合軍十五万余騎が、平壌から出陣して来る。

彼らは日本軍のいない黄州－開城を占領して漢城へ。なお、この連合軍にはフランキ砲、霹靂《へきれき》砲などの巨砲をはじめ、優勢な火力が多数保持されていた。

この時機《タイミング》で漢城の市街に火の手が上がる。火をつけたのは、敵か味方か不明のまま。

両軍共に偵察隊を出し、物見、先発の小競り合いがあって、正月二十六日、日本軍は本格的な大攻勢をかけることになる。敵は民兵も加えれば、およそ三倍強の大兵力――。

誰が、この運命の一大決戦の先手を担うか。軍議は隆景によって一決、常勝宗茂と決した。

この時、隆景は、父・毛利元就と多々良浜に攻め込み、大友軍と戦ったおりのことを思い出していたという。もう少しで勝てる思ったやさき、〝鬼道雪〟がわずかな兵をもって現われ、一気に逆転勝利したことを思い出したというのだ（このおりの、大友軍の総大将は、吉弘鑑理＝宗茂の祖父であった・関連序章参照）。

宗茂は祖父・養父を超え得たか――しかし……それにしてもこの決定、見方を変えれば、とんだ貧乏くじを引かされたとも映る。

宗茂はこの大役、晴れの先陣を承る光栄を幾度か辞退していた。

彼の場合、勝利に自信がなかったからではない。宗茂は「愚直」な二十七歳である。戦歴の古い闘将は少なくない。先陣を自分のような若造が拝命しては、と彼は彼なりに精一杯、空気を読もうとしたのだが、考えてみればこの大役、火中に栗を拾うようなものであった。

第二陣に小早川二万の兵がつづくとはいえ、宗茂の兵力は三千。前方に展開する敵は、五万とも十万とも知れぬ大軍である。一敗すれば、おそらく全体の士気を喪失させ、敗戦の責任は秀吉の逆鱗に触れる公算が大きかった。領地は没収、家臣たちは路頭に迷うことになる。

誰しもあえて、この至難の「死地」（生きる望みのないような危険な場所）に飛び込む役を、志願するものはいなかったろう。

碧蹄館の決戦

凍てつく寒風の中、宗茂は物見を出す一方で、赤々と篝火《かがりび》を焚き、武運を祝う酒宴をもよおした。大釜いっぱいの粥と酒を温め、立花家の将兵に振る舞っている。

そして夜半、寒風の吹き荒ぶ中を、立花勢二千三百に弟・宗一《むねかず》の七百を加え、三千（実際はすでに、数百人が戦死している）をもって、粛々と立花勢は出発した。

事前に出した物見の報告により、敵に伏兵があることが知れている。

漢城から三里余の礪石嶺《リュソンリョン》に進出（碧蹄館の二里手前）、宗茂は軍を先鋒（八百騎）、中備《なかぞなえ》（四百騎）、後詰（千八百騎）に分け、先鋒を小野和泉守、立花三左衛門に委ねたが、途中、中備の指揮官・十時伝右衛門と内田忠兵衛が決死の面持ちで、お家の柱石二人に万一のことがあってはならず、と願い出て先鋒を譲ってもらう一幕もあった。

空の白む中、前方から明軍の陣鼓が打ち鳴らされ、敵の先鋒三千が霧の中から現われた。息を呑むような大軍——こちらの先鋒の三倍強である。包み込まれれば、殲滅されてしまう。「小よく大を制す」は、こうした会戦（両軍がともに進んで展開し、くり広げる大舞台による戦闘）では通用しない。立花勢の先鋒は真正面に兵力を集中し、それを押し包もうとする敵の大軍が、周りを取り囲んだところを、切り抜けて中備の位置まで退いた。

敵は備えを乱して追って来る。さすがに立花勢は戦慣れしていた。すぐさま、新手の中備が入れ替わって敵と当たった。しかしその兵力は四百程度。わずかな時間、敵を追い、均衡を保てれば上出来であった。敵に焦りが出たその瞬間を見極め、後詰の宗茂が鯨波《ときのこえ》を一千八百にあげさせ、敵の伸びきった横合いから、手勢を突入させた。

日本軍は寡兵、と思い込んでいた敵は、この宗茂の攻撃で、敵方に多数の伏兵がいると考え、ついには支えきれずに退却する。宗茂はこれを追い、二千三百余の敵を討った。歴戦の将・十時伝右衛門、池辺龍右衛門がこのおり戦死、立花家は二百余の死傷者を出した。

宗茂のおかげで、まさかの緒戦に勝利した日本軍は、あとに第二陣の小早川勢（毛利勢も含む）が従い、第三陣に宇喜多秀家がつづいたが、双方ともに現金な人々で、勝てるとなると、立花勢の前に出て功名の横取りをしようと蠢動《しゅんどう》する。

その振る舞いに、今更なにを、と腹を立てる立花家の家臣に、またも宗茂はいう。

「誰が先であろうと、要は勝てば良いのだ。咎《とが》めることはならぬ」

ところが功名に焦った小早川と宇喜多の両勢は、あろうことか雲霞の如き敵の大軍に、押し隔てられて進めず、ついには崩れ立ち、後退をはじめるありさま。

それを後方で見ていた小野和泉守は、時分よろしく、と立花勢の出撃を催促したが、悠然と床几にかけたまま宗茂は動かない。家臣たちが次々に出撃をうながしたが、宗茂はまだ、まだ、となおも戦局を見つめている。あまりの家臣たちからの矢の催促に、彼はいう。

「よいか、味方が退却しても、まだ残りがウロウロしている。紛らわしい、しばし待て」

納得した家臣一同が沈黙して控えていると、やおら立ち上がった宗茂は、進発を下知。

一糸乱れぬ金兜を燦《きら》めかせた兵たちを従え、鉄砲二百挺を入れ替えながら三度続けて撃たせて、敵の足を止め、ひるませ、そこへ白兵戦を展開。見事に敵を打ち破った。

当然のごとく日本軍は、この勝ちに乗じて大勝した。このとき、安辺府《アンビョンブ》（現・朝鮮民主主義人民共和国の安辺郡）の守備についていた加藤清正は、日本軍の奇跡的な勝利を聞いて、

「先陣はかならずや、立花であろう」

と言ったという。

朝鮮出兵の前半戦——文禄の役の一大決戦・碧蹄館の戦いがこれであった。

不思議な人生を生きた記録者

このおりの快勝を、『天野源右衛門覚書《あまのげんえもん》』では次のように述べている。
「抑《そもそも》日本において源平両家の争《あらそい》、元弘建武《げんこうけんむ》の乱より以来、勇剛の名将多しといえども、いまだ聞《きか》ず。四千にたらぬ（実際は二千五百に足らず）兵を以《もって》三十万の敵を破ると云事《いうこと》を」（『立花朝鮮記』〈『天野源右衛門覚書』の別称〉・「史籍集覧」所収・筆者、句読点をふり、現代かなづかいに改める）
余談ながら、右の源右衛門も碧蹄館の戦いに、立花勢の一人として参加していた。
もとは明智光秀の家来で、その後、羽柴秀勝・同秀長、蒲生氏郷と仕え、宗茂の配下へ。

後年になって仕えた寺沢広高の指示により、天野源右衛門が書き上げたとされている。

この男、前名を安田作兵衛国継《くにつぐ》といい、実に数奇な生き方をした人物であった。が、どういうわけか、どれ一つとして同じ人生、同じ最期を描かれたことがない、という不思議な生涯をおくっていた。

天正十年（一五八二）六月二日、逆臣・明智光秀の家臣として、作兵衛は本能寺を襲撃すると、織田信長に自らの槍で傷を負わせている。

一般に信長の最期といえば、燃えさかる本能寺での自害だけが強調されがちだが、それより少し前に、光秀の謀叛を知った信長は、「是非におよばず」と一言を残して、自ら矢を射て、つぎには槍・刀をもって、寄せ手の明智勢に応戦した、と『信長公記《しんちょうこうき》』（太田牛一《ぎゅういち》著）は語っている。もっとも所詮は多勢に無勢。現われた作兵衛の一突きを肘に受け、「もはやこれまで」と観念した信長は自害を決意した、と同書には記されていた。

これが『真書太閤記《しんしょたいこうき》』（栗原柳庵《くりはらりゅうあん》編）になると、信長と鎗を合わせていた作兵衛の前に、小姓の森蘭丸《らんまる》が立ちはだかり、作兵衛は両太股から下半身を刺されてしまう。

しかし彼は、蘭丸の鎗の柄にしがみついて縁まで這いあがると、こんどは太刀を抜いて蘭丸の脛《すね》をなぎはらった。が、ついに力が尽き、並河金右衛門《なみかわきんえもん》に信長の首を横取りされたということになる（史実では、信長の首はあげられていない）。

『絵本太閤記』（伝・武内確斎《たけうちかくさい》著）では、同輩の者数名とともに本能寺の先陣を争い、首尾よく寺のなかに忍び込んだ作兵衛が、信長の寝所とおぼしき部屋を、障子越しに鎗で突き刺したところ、手応えがあり、確認すると信長は脇腹を刺され、そこへ先の蘭丸が駆けつけた、との設定になっていた。ここでは作兵衛、蘭丸に顔をブスリと鎗で突かれてしまう。

文献によって異なる記述がなされた作兵衛だが、傷口に悪性の腫れ物ができ、それがもとでまもなく死んでしまう。

ところが『川角《かわすみ》太閤記』（伝・川角三郎《さぶろう》右衛門《えもん》著・関ヶ原の戦後、柳河に入部した田中吉政の使番《つかいばん》）を読んでみると、作兵衛は山崎の合戦で光秀が秀吉に討たれてのち、秀吉の〝明智の残党狩り〟を逃れ、隠れ家に十三年もの間、潜伏していたとある。

しかもこの著述のなかでは、光秀が謀叛を決意するくだりで天野源右衛門を呼ぶと、

「お前は先駆けて急ぎ、味方の中から本能寺へ、注進に出かける裏切り者をみつけ次第、打ち捨てるべし」

と命じている。

だがこの天野源右衛門は、他の書物によると、本能寺の変ののち〝明智の残党狩り〟を逃

れようとして、作兵衛が世をあざむくために名乗った偽名だ、というのだ。

また『武家事紀《ぶけじき》』(山鹿素行《そこう》著)によれば、作兵衛は世を隠れるどころか、羽柴秀勝、豊臣秀長に仕えて、賤ヶ岳の合戦(天正十一年四月)に参陣。世にいう〝七本槍〟よりもはやくに功名を立てている。おそらく、こちらの作兵衛が史実に近いのではあるまいか。

信長の娘婿であり、愛弟子といっていい蒲生氏郷《がもううじさと》に仕え、その後、立花宗茂のもとへ身を寄せたという。彼は最終的には旧友の寺沢広高を頼り、ここで『天野源右衛門覚書』を残して、徳川幕府の幕藩体制が整った前後に大往生をとげている。享年は不詳である。

大勝利のあとの、意外な宗茂

碧蹄館の大敗によって、李如松は戦意を喪失。明の皇帝は本気で、日本との講和を考えるようになった。一方、日本軍の中では、漢城の明軍と挟撃を策した全羅道の権慄《クォンユル》を、その拠る幸州山城《ヘンジュサン》へ攻めて失敗。加藤清正・鍋島直茂らの咸鏡道《ハムギョンド》支配も義兵の反攻で破綻し、厭戦気分が諸陣に蔓延、逃亡する将兵も続出した。

向こうでは、降参した日本兵を「降倭《こうわ》」と呼ぶ。

この頃、体制の立て直しを図るべく、三奉行が調べたところでは、立花家の現有戦力は

「千百三拾二」でしかなかった。さしもの宗茂も、柳河を共に出征した三千（二千五百人とも）の将兵のうち、半分以上の人々を異境に失ったことに、胸底に木枯らしが吹きすさぶような、虚しさを去来させていた。命令とはいえ無縁の他境を侵し、明国や朝鮮の将兵と殺し合い、ときには無辜《むこ》の（罪のない）民衆をも巻き込んでしまったこともあったろう。

（このようなことでいいのだろうか）——たとえ今度《このたび》は生き残れても、また同じ戦いをくり返すだけの日々。豊臣政権の誕生は、九州がそうであったように、日本中から戦をなくし、おだやかな日々の招来を告げたはずであったのに……。

忠義といい、栄達といい、しょせんは世俗の価値にすぎないのではないか。

名利に目もくれず、ただただ脇目もふらずに主君への節義を尽くしてきたが、それも詮《せん》ない武士のこだわりにすぎないのかもしれぬ……。よしや家を捨て、武士をやめれば、この体内に巣くう煩悩から逃れられるであろうか。

宗茂の苦悩は、その実名の変更ぶりにみることができる。「宗虎」と改めたものを「正成」と変え、文禄四年には「親成」としていた。彼は懸命に、自己にいい聞かせていた。

「迷ってはならぬ、迷えば負ける」

己れが判断を誤れば、麾下の将士の死を招き、ついには立花家が滅ぶ。

亡き道雪、紹運は戦のあるごとに、同様のことを宗茂にいい聞かせてもいた。迷ってはならぬ——武士の感傷は身をほろぼすことになる。今の宗茂にはその言葉が、二人の父の、自問自答であったことが理解できた。

宗茂は三奉行の命により、漢江《ハンガン》の対岸にあって城の普請に従い、のちに「龍山《ヨンサン》ニ陣シ宇喜多ノ部兵《ぶへい》ニ代ル」（陸軍参謀本部編『日本戦史　朝鮮役』）ことを、命じられている。

このおりであろう、碧蹄館の戦いで先陣抜群の手柄をあげた宗茂に、石田三成が「それらが皆、宇喜多秀家の功労となったと聞いています。私に頼まれれば、実情を太閤殿下に申しあげましょうものを」といった。

これを聞いて宗茂は、次のように答えた（『名将言行録』）。

「面白き物の申され様哉《ようかな》、左様のこと正直に申上《もうしあげ》られんが為《た》めにこそ、差越《さしこ》さるる貴殿の御身として、頼め申上《もうしあ》ぐべくとは、某所為に叶《かな》ひ申さず候間《そうろうあいだ》、手前の仕合《しあわせ》次第と存《ぞん》じ候」

正直に太閤に伝えるのが（あなたの）仕事なのに、よしなに頼めといわれても、そのようなことは某の好みではありません。どうなろうと、某の運次第と存じます。

そう宗茂にいわれた三成は、少し困った様子で「ごもっともなことです。他の人はいざ知らず、某はどんなことがあっても、かならずや殿下に実情を申し上げます。貴殿からも書面をもって、殿下へご報告なさるように」と答えたという。

嫉妬する大名たちが仕掛けた、宗茂と黒田長政の勝負とは

そうするうちに、碧蹄館の結果をふまえ、日明両国間で講和交渉が進められ、加藤清正のもとに拘束されていた朝鮮王子の引き渡しや、両軍の撤兵が取り決められた。

文禄二年（一五九三）四月十八日、日本軍は漢城から釜山方面への撤退を開始する。では、そのまままっすぐに彼らは帰国したのかといえば、そうではなかった。朝鮮半島の南岸へ下がった日本軍は、晋州《チェジュ》城を攻めている。

この城は天正十二年（一五九二）十月に、細川忠興の軍勢が攻略に失敗したところだが、かならずしも戦略的重要拠点とはいえなかった。だが、いまだに己れの明国征伐構想を放棄していなかった秀吉は、自軍の士気を高め、講和条件を有利にすべく、新たに渡海した伊達政宗（兵力三千）らを加えて、晋州城を攻めさせたのであった。

宗茂も参加し、この城は六月末に陥落する。晋州城を攻めた河東《かとう》の戦いでも、秀包と共に戦った宗茂は、小よく大を制して凱歌をあげている。秀吉はこの時点でも、南朝鮮の日本への割譲を夢みており、そのための在番を小早川隆景に命じ、つづいては宗茂と秀包にまかせ

て隆景は帰国するように、と勝手気ままな指図を出している。

文禄二年六月末には、その宗茂も日本への帰還を果たした。

十月十七日、伏見へ上った彼は、秀吉から城下に屋敷を与えられ、聚楽第にあっては「御殿」を拝領している。秀吉の宗茂に対する評価は、この時期、最高潮に達していたといえよう。なにしろ緒戦以来、立花勢は負け知らず、連戦連勝を続けてきたのだから。

だが、そうした戦勝は半面、諸将の嫉妬を買い、宗茂をわずらわせることにもつながった。すでに碧蹄館の戦いのあと、漢城での総大将・宇喜多秀家による慰労の酒宴では、黒田長政が戦場での鉄砲の性能を褒めると、宗茂の戦功を妬《ねた》む諸将は、こぞって弓の名手として知られていた宗茂に面当《つらあて》して、「鉄砲に比べると、弓など大して役には立ちませぬ」といい出す始末。宗茂がたまらず、「戦の道具は時と場所によって臨機応変に使い分けるものに思う」というと、宇喜多秀家は話の鉾先《ほこさき》を変え、長政の火縄銃と宗茂の弓をもって、五十歩《ぶ》(約二十五メートル)先に、笄《こうがい》(刀の鞘《さや》の差表《さしおもて》にさし、髪を撫でつけるのに使う道具)を立てて、これを的として競わせる余興を強要する。

このおり宗茂は、長政の鉄砲での命中につづいて、大きな塗籠《ぬりごめ》の弓に鷹の羽の雁股《かりまた》(ふたまたに開いた矢じりの矢)を番《つが》い、みごとに笄を真っ二つに射切ってみせた。長政は鉄砲二発目で笄の端を折ったが、宗茂は二発目も真中を正確に射切ってみせている。

福島正則の前で舞う宗茂と〝日本七鎗〟

そうかと思うと、先にみた天野源右衛門をめぐって、引き抜き合戦《スカウト》で宗茂に敗れた福島正則がこれを怨み、宗茂と一悶着《ひともんちゃく》を起こしかけたことがあった（正則は宗茂より六歳年上）。

双方を知る黒田長政が間に入って、仲直りの宴を設けた。席上、なんとか和解は成立したものの、その和解の盃を一度飲んだ宗茂が、正則に盃を差し出すと、この荒武者はたて続けに三盃受けた。カチンと来た宗茂はすくっと立ち上がるや、

「では、酒の肴《さかな》に一差《ひとさし》、舞いましょうか」

といって仁王舞を舞う。その豪壮で高雅な舞いは、居合わせた人々の拍手喝采を浴びたが、宗茂のくり出す拳は正確に、正則の眼前で突き出され、振りおろされていた。迫真の仁王

——正則は宗茂の凄味、殺気を感じ取った。

「こいつは、いざとなればわしを一突きで殺すやもしれぬ」と心底、宗茂の迫力を思い知った正則は、以後、かまえて立花家とは諍《いさか》いをしなくなったという。戦国武将の心意気は、いついかなるときにも生命を懸けているという、〝捨て身〟の強靱さを秘めていた。

一方、周囲の宗茂に対するあからさまな嫉妬にまったく気づかない秀吉は、手ばなしで宗茂を褒め、彼に随従していた小野和泉守鎮幸にも気前よく恩賞を与えた。

「そちは立花一の功労者じゃそうな。この度の戦でも、数々の武勲をあげた由《よし》、真にもって当代〝日本七鎗〟の一人といえる。今後共、宗茂を補佐して西国を頼むぞ」

ここでいう〝日本七鎗〟とは、本多平八郎忠勝、島津家久（義弘の弟）、直江《なおえ》山城守兼続《かねつぐ》（上杉家宰相）、後藤又兵衛（黒田家侍大将）、飯田角兵衛（加藤清正の家老）、吉川蔵人（吉川元《もと》春《はる》の三男・広家《ひろいえ》）に、立花家の小野和泉守を加えてのものをいった。

またしてもあがる立花人気に、一番頭にきていたのが、宇喜多秀家であった。

総大将は自分であるのに、日本軍の手柄はことごとく宗茂があげたものといわれ、面目を失ったと思い込み、両家の足軽同士の喧嘩から、秀家は宗茂に真っ向喧嘩を売ろうとした。

世間一般の、苦労知らずな秀吉寵愛の、大名ならではのことである。秀家、二十六歳。

それでも、備前岡山五十七万石を拝領。二十七歳の宗茂は、十三万石の小大名——なれど、こちらは歴戦の兵《つわもの》。双方を助っ人すべく、諸大名が両家へ駆けつけた。

興味深いのは、一番早くに立花屋敷へ騎馬武者八人と足軽五十人を送り出したのが、島津義弘であったことだろう。ほかに安国寺恵瓊《えけい》、石田三成、藤堂高虎などが加勢を寄せてくる。

この日、宗茂本人は浅野長政に呼ばれて外出中であった。立花屋敷の隣は、徳川家康の屋敷——さてどう出るかと見ていると、宗茂旧知の本多忠勝が押っ取り刀でやって来た。

「騒動の子細は存ぜぬが、貴殿の屋敷に変事《へんじ》起こらば、当方の屋敷の前は何人《なんぴと》たりとも通しはいたしませぬ。こちら方面は、ご安心を——」

応仁の乱も、こうした守護大名の喧嘩の小競り合いがもとで、波紋を広げて大きくなったようなもの。まして戦国の侍は、室町よりも相当に気が荒い。浅野邸で事の次第を知った宗茂は、そのまま無謀にも十八人の家来をつれただけで、宇喜多屋敷へ乗り込んだ。

まさに一触即発の現場である。殺気立つ宇喜多家の門前を、百戦錬磨の宗茂らは平然と割って通り、家来の粗忽《そこつ》を詫びに参りました、と秀家に面会を迫った。従う十八人は名うての一騎当千の面々。数にまさる宇喜多方が、気迫で押されるありさま。

驚きと怒りと困惑の入りまじった顔で、秀家は追いつめられた者のように返答した。

「このような難儀は放っておけないと思っていたが、貴殿がお出《いで》のうえ、お断りをされたからには止むを得ません。以後、気をつけていただきたい」

宗茂はこれを受け、「宇喜多殿はご納得下された。このうえは、ご家中の方々も大名方も騒動をなされませぬように」と呼ばわって、自分の屋敷に戻った。参集してくれた大名家の人々に挨拶し、この夜は本多忠勝と大いに酒宴を楽しんだともいわれる。

小早川秀秋、宇喜多秀家の共同謀議

ただ、宇喜多秀家が宗茂へ向ける憎しみは、より陰険なものとなった。

宗茂の駕籠と知って因縁をふっかけ、止めたことがあった。

この時は秀家のしつこい報復を想定して、袴を脱いで脇差一つとなって駕籠を担いでいた、立花家きっての武辺者・石松安兵衛と安東津之助の両名が受けて立った。

安兵衛がもろ肌脱いで、宇喜多の家来頭《けらいがしら》に、

「太閤殿下の命《めい》により、まかり通る立花宗茂の駕籠に邪魔立てを致すとは、そちのご主君の御身いかなるか――」

わからぬのか、と一喝した。行き合わせた秀家の駕籠を守る宇喜多家の人々が集まってきたが、駕籠かきの二人は顔色一つ変えず、駕籠から出た宗茂ともども不敵に笑っている。

するとそこへ、裸馬にまたがった七十六人の立花家の家臣が、押っ取り刀に槍を担いで駆けつけてきた。このおり屋敷には、小野和泉一人しか残っていなかったという。

さすがに常時戦場の覚悟ができている立花家臣団は、とにかく一人で最低でも三人前の働

きを成した。それを束ね得たのは、宗茂なればこそであったといえる。

――この宗茂にとって、秀吉以外での最大の保護者が小早川隆景であった。

が、彼はすでに述べたような事情で、心ならずも秀秋を養子とすることになる。

ところが、この秀秋が宇喜多秀家に荷担して、宗茂をやり込めようと画策する事件が、ほどなく起きた。勝気な妻の誾千代すら、ご辞退なさってはいかがですか、といった秀秋からの、ご酒一献の誘いである。宗茂は断らず、供七人を連れて、秀秋のもとへ乗り込む。

すると屈強な小早川家の侍が九人、御相伴役《ごしょうばんやく》として客間に並び、秀秋が床の間の正座に宗茂を誘う。ふとみると、配膳が三人前用意してあるではないか。

「いや、宇喜多殿がぜひにというものだから……」

と秀秋。内心またかと思った宗茂だが、表情は変えず秀家が到着すると、さぁ正座へ、と彼を無理やり真中に座らせ、自らは下座に直った。

宗茂は、相伴の小早川家の人々に己れの盃へ酒をつがせようとするが、彼らは緊張して動きがぎこちない。秀家が手許の吸物の椀の蓋をとると、中身は空《から》っぽであった。

それを横目でみながら、宗茂は盃を秀家と秀秋に差し出し、幾度かお替りを所望した。

哀れをとどめたのは小早川家の九人の侍で、前から宗茂に鋭い眼差しを向けられ、圧迫されるかと思うと、後方からは並々ならない殺気が重々しく迫ってくる。なにしろ次の間に控える立花家の七人は、刀の鯉口《くつろ》を寛げて、瞬時に九人を斬る気構えでいた。

宗茂はさらに秀家、秀秋に、

「忠勇義烈、勇猛果敢なわが家臣は、戦場にあっては一騎当千のものばかり。互いに功をゆずり合い、妬みや嫉《そね》みをする者などおりません。ぜひ、彼らにお言葉を賜りたく存じます」

とやった。

役者の格が、あまりにも違いすぎた。秀家と秀秋は腰を折り、宴が終わると宗茂は二人に礼をいい、何事もなかったかのように自らの屋敷へ戻っていった。

再び慶長の役が始まる

文禄五年（一五九六）八月、明国の冊封使《さっぷうし》・楊方亨《ようほうきょう》と朝鮮の使者・黄慎《こうしん》が使節団を従えて来日、九月には秀吉の待つ大坂城に赴いた。

明使が冊書《さくしょ》（天子が臣下に下す文書）を提出したので、秀吉がそれを外交僧・西笑承兌《さいしょうしょうたい》に読ませると「汝を日本国王に封ず」となっていた。秀吉の示した条件は皆目みたされておらず、講和の交渉にあたった小西行長も言い逃れに終始するありさま。

烈火の如くに怒り狂った秀吉は、李氏朝鮮を懲《こら》しめ、明国軍を今度こそ完膚なきまでに倒すと息まき、再度の遠征を決断した。

今回は前回と異なり、朝鮮半島での戦いを実際に経験した諸将、将兵にとって、秀吉のいうことが実現不可能であることは明らかとなっていた。しかし秀吉に、中止を働きかけることのできる大名はいなかった。このあたり、日本人の気質を顧みるとわかりやすい。

アジア・太平洋戦争で負け続けたおりも、日本人はなんとか華々しい成果を一度はあげて、それから次の局面に移ろうと考えた。が、ミッドウェー海戦に敗れて以降、日本はアメリカに対して一度も勝利を挙げることができず、一億総玉砕を唱え、原子爆弾を二度落とされて、ようやく降参を認めるにいたった。

バブル経済が弾けたときも同様だ。もう二度と高度経済成長期に戻ることのない日本の経済、変わりゆく末を、日本人は冷静に見通すことができなかった。夢よもう一度、である。

朝鮮出兵、然りであった。多少の入れ替わりはあったが、総勢十四万が再び海を渡った。

大将軍は宇喜多秀家、副将軍は毛利秀元。編成はほぼ、文禄の役と同じ。

宗茂は文禄の役以来の、安骨浦城の加勢守備に、小早川秀秋も釜山城加勢に配された。

慶長二年（一五九七）の八月から九月にかけて、宇喜多秀家の参加する小西行長を先鋒とした五万と、加藤清正を先鋒とする毛利秀元の六万五千は、各々、慶尚道から全羅道に進攻し、慶尚道の蔚山《ウルサン》（加藤清正）、梁山（黒田長政）、泗川（島津義弘）、南海《ナムヘ》（宗義智）、全羅道の順天《スンチョン》（小西行長）などに城を築いた。

またしても攻め来《き》る日本軍に李氏朝鮮は驚嘆し、すぐさま明国へ救援を要請する。

明国ではことここに至って、初めて秀吉の示したあり得ない和議七ヵ条を知り、これまた激怒。講和の責任者・兵部尚書（国防長官）の石星《せきせい》を更迭し、新たに田楽《でんがく》を登用し、総督に邢玠《けいかい》を任じて、その下に楊鎬《ようこう》、高策《こうさく》、祖承訓《そしょうくん》、張隆《ちょうりゅう》、薫用威《くんようい》、蔡仲《さいちゅう》、斯天爵《してんしゃく》らの諸将を並べ、兵二万七千をあずけて平壌を固めさせた。

加えて、麻貴《まき》を提督として一万七千の兵を、別途、朝鮮半島へ派遣する。だが途中、日本軍は要衝を押さえ、鉄壁の守りを固めていたため、麻貴は漢城で様子をみることに――。

さらに、七万の兵を明国が徴集したことにより、ようやく明軍は南下作戦を決行する。

目指すは、加藤清正が七千五百の兵と立て籠る蔚山城。明国・朝鮮連合軍十三万（七万とも）に攻められた蔚山城は波状攻撃を喰らい、兵糧攻めを受け、厳冬の中で孤立する。

それを知った釜山では、毛利秀元、鍋島直茂、黒田長政が一万三千で救援に駆けつけ、明国・朝鮮連合軍を漢城まで撤退させている。

大勝利となった元漬の戦い

ところが蔚山救援に出向いた後、慶長三年（一五九八）正月二日、釜山から四十里離れた般丹《はんたん》に、明国軍副統兵の高策を大将とする、明兵二万二千が朝鮮国軍三万とともに進出してきた、との急報が寄せられる。宇喜多秀家は、すぐさま宗茂に出陣を促した。

五万二千の敵へ、手勢のうちからわずかに八百を率いて宗茂は般丹に向かう。夜になる。厳冬の中、激しい風が吹き、そこに雨までも降りはじめた。

こうなっては進めない、夜明けまで待ちましょうという家来に、宗茂はいう。

「いや、敵に無勢を知られては勝ち目がない。このまま、進め」

午前三時、般丹に到着した立花勢に対し、数に驕る連合軍は前後不覚に眠っていた。宗茂は風上に火をつけ、その光の中に切って入れ、と家臣たちに命ずる。

この奇襲により、明国・朝鮮連合軍五万二千が立花勢八百に敗れるという、大戦果が記録された（般丹の戦い）。

二月に入ると、戦局の思わしくない楊鎬が更迭され、明軍の新手が十五万の兵をもって南下。梅柏が五万余騎をもって蔚山を、鄧子龍《とうしりゅう》が五万余騎で松島を、劉綎《りゅうてい》が五万で順天を、各々攻めることとなる。三城は健闘したが、全体に士気の低下している日本軍では、諸将の誰もが後詰に行こうとはしない。このままでは、三城ともに危ないというのに……。

たまりかねた宗茂が、蔚山―松島―順天と順次救援する策を進言すると、小早川秀秋がそれをそのまま了承。ただこの時、彼は思わず次のように口走ってしまった。

「――僅《わず》か三千に満たない立花勢が、万一、仕損じることがあっても、味方の大勢に難儀はいたしますまい」

内心、カッとなった宗茂だが、選りすぐりの将兵と蔚山へ。途中、五千余の明軍を撃破。

「小勢を持って長進追撃いたしますれば、敵に察知され、危険です」

小野和泉守が進言したが、宗茂は、

「追わねば、味方の小勢が敵に知られてしまう。敵の逃げ足は乱れている。とって返してはこまい。とにかく向こうの森陰まで（三千余町）は追撃せよ」

と下知した。そしてここで味方を休ませると、宗茂は四、五十人の捕虜を解放してやる。

「そんなことをすれば、味方の小勢が敵に知られてしまいます」

不安を覚える家臣に、宗茂は笑いながらいう。それが計略というものなのだ、と。

朝の合戦で大敗した敵は、こちらが少数と知れば、必ず攻めてくるであろう。そこを狙い討つのだ。捕虜を解放し、宗茂は篝火を焚かせ、得意の伏兵をここかしこに隠し、静かに敵の襲来を待った。敵は大軍で、一気呵成に攻めくる。

宗茂はここでも、芸術的な戦術を展開した。先陣をやり過ごし、敵の後陣と一《ひと》合戦をし、味方の後陣で敵の先陣を迎え討ち、わざと時間をかせいで、下知するまで他の陣は動かさない。そこへ敵の後陣が突っ込んでくる。宗茂は太鼓を鳴らし、鐘を叩き、鬨の声をあげさせて、前後左右から挟み撃ちに攻めかかった。敵は不意を喰らって大いに驚き慌てて、暗い道に馴れぬまま、逃げ散るのが精一杯であったという。この一戦を、元濆《げんぷん》の戦いといった。

またしても立花勢の大勝利となり、その金兜が近づいてくると知ると、明軍の蔚山攻城方は囲みを解いて退却した。清正はそこを外さず打って出て、敵の首級二千余を討ち取る。

宗茂が蔚山城へ入城すると、期せずして歓呼の声があがった。

清正は、立花勢がわずか一千と知り仰天する。そして真摯《しんし》にいった。

「貴公こそ、まさに日本随一の勇将なり。あと四、五日すぎていれば、危うかった。貴公は生命の恩人である。ゆめ、このご恩は忘れぬ」

清正は宗茂より六歳の年長であったが、わずかな兵で敵の大軍を常に破る、この稀代の名将の戦の巧妙さに瞠目し、尊敬の念を抱いた。

一方、その宗茂を九州征伐以来、高く評価してきた秀吉は、外征中であることを忘れたかのように、醍醐寺で盛大な花見の宴をもよおしたものの、五月に入って病にたおれ、病勢が一気に進んで八月十八日にはこの世を去ってしまう。享年六十二歳。

それ以前、文禄四年（一五九五）七月には、秀吉は甥の関白秀次を高野山で自殺させていた。豊臣政権は大いに揺らいでいたのである。

徳川家康、前田利家ら五大老、石田三成ら五奉行が協議のうえ、まずは和議をまとめて、早々に朝鮮半島より撤退する旨、半島在陣の日本軍に伝えられた。

だが、明・朝鮮連合軍は和睦などするつもりはなく、俄然、攻勢に転じて泗川城の島津義弘を攻めた。泗川城は三面を海に囲まれ、前面に望津・永春・旧泗川の三城があり、各々に三百の兵を入れた島津義弘は、本城に九千をもって十万の明軍を迎え撃った。

島津勢は明軍の敵将・李寧《りねい》と盧得功《ろとくこう》を討ちとりながら、支城を放棄。本城に籠って寄せ来る大軍を間近に引きつけ、凄まじいまでの反撃に出た。城門を開く暇なく、半扉《はんぴ》のなかを薩摩隼人たちはわれ先にと競い出る。これを「朝鮮の半扉」といった。

士気旺盛な島津勢は、信じられないような大勝をあげ、三万八千余の敵を討ち取り、慶長の役最大の勝利を飾った。明国はこの一戦に恐怖し、島津氏のことを「鬼石曼子《グイシーマンズ》」（悪魔）

と叫んだ。さすがは、島津義弘である。明国はこの一戦で意気消沈となった。

おかげで撤退が円滑《スムーズ》になったものの、これまでの和睦交渉を日本武士らしくない、豊臣家を売るもの、とみなす諸将の反感もあって、遠く敵中に孤立していた順天城の小西行長を、救援に出向く者がいない。このときも、声をあげたのは宗茂であった。

「小西殿に万一のことがあれば、亡き太閤殿下に申し訳ができませぬ——」

それがし一人でも、という彼の声に、島津義弘と寺沢正成《まさしげ》（のち広高）が賛同した。

一万五千の兵力をもって、救出にむかう中、どうにか小西勢は順天城を脱出することができ、島津・寺沢の水軍が連合軍との海戦に及び、朝鮮水軍の名将・李舜臣《イスンシン》を戦死させた。

順次、諸将は帰国したが、この足かけ六年に及んだ外戦は、彼らに何一つ幸いせず、戦死した者への償い、外征時の負債の返済、留守中の治政など、降り積もる難問に大名たちは頭をかかえ込む。勝利なき戦いに恩賞はなく、攻め取った土地がなければ領土は増えない。

自業自得といえばそれまでだが、大名は心底にうずまく諸々の感情を、ぶつける対象をいつしか探していた。一番文句をいいたかった相手の秀吉は、すでにこの世の人ではない。

いきおい、その意向で動いた七奉行——なかでも、最も動きの目立った五奉行の一《いっ》・石田三成が、八つ当たりの的となった。それに尾張と近江の派閥抗争が重なってしまう。

派閥抗争プラス毛利氏の思惑

秀吉の家臣団の中核は、二つに区分が可能であった。

彼がいまだ織田家の部将であった時代、妻のねね（のち北政所・高台院《こうだいいん》）の台所めしで育った福島正則（秀吉の母方の従兄弟）、加藤清正（秀吉の母方のまたいとこ）、黒田長政、細川忠興、加藤嘉明などが尾張閥であり、その精神的な中心は、無論のこと北政所であった。

これに対して、秀吉の近江長浜（現・滋賀県長浜市）の城主となった時代に、発掘《スカウト》されたのが石田三成、増田長盛、長束正家、前田玄以《まえだげんい》などで、中心には秀吉の忘れ形見・秀頼の母である淀殿がいた。彼女は信長の姪にあたり、北近江（現・滋賀県北部）の戦国大名・浅井《あざい》長政《ながまさ》を父としていた。このグループには、小西行長なども含まれている。

尾張閥が戦場での指揮官＝武断派であるなら、近江閥は算盤勘定の達者な官吏＝文治派――秀吉の天下統一を推進したのは、前者の武力と後者の外交・行政・兵站部門が一体となってのものであったといってよい。だが、両者はもともと性格的に反りが合わなかった。

そこにこの度の外征が行われ、まさかの（後世からみれば当然の）敗北を喫してしまう。

とくに福島正則と加藤清正の、石田三成にむける眼差しには怒りが燃えていた。

茫然自失する大名たちも、徐々に現実にふれ、やり場のない怒りと憎しみ、後悔といったものを滾らせている中で、豊臣家を支えてきた五大老の前田利家（もと信長の家臣で、加賀・能登・越中あわせて八十三万石余）が病床に倒れ、彼と並び称せられていた徳川家康が、ここにいたって天下簒奪に動く。

関ヶ原の戦いについて筆者は、これまでも別途に縷々《るる》述べてきた。本書では知られざる史実のみにふれて、立花宗茂の〝千慮の一失〟――関ヶ原における彼の動向を追いたい。

西軍の主将となった石田三成に対して、福島正則・加藤清正らが家康を担いで東軍についたのはわかる。が、同じように朝鮮在陣で苦労した毛利氏（小早川氏も含む）は、なぜ西軍についたのだろうか。しかも当主の輝元は、総大将までも引きうけている。

一般にも知られているように、毛利氏の幹部でもあった安国寺恵瓊は、石田三成、大谷吉継らに乞われ、西軍に積極荷担したが、毛利家ではその一方で、家康方にも内通者がいた。

関ヶ原の決戦前日＝九月十四日の時点で、徳川家の四天王の二人・本多忠勝と井伊直政が、吉川広家、福原《ふくはら》（正しくは、ふくばら）広俊《ひろとし》の二人＝事実上の、関ヶ原における毛利軍の総指揮官＝に対して、家康は決して輝元を疎《おろそ》かに扱わないこと、領国はすべてこれまで通りに安堵することなどを約束した起請文を提出していた。併せて東軍の黒田長政・福島正則も、忠勝・直政の起請文に嘘のないことを保証する起請文を広家・広俊に差し出している。

ちなみに右の吉川広家は、毛利元就の次男・吉川元春の三男であった。

それゆえ天正十年（一五八二）十二月に、広家は羽柴（のち豊臣）秀吉が〝中国大返し〟をしたおり、羽柴方への人質に差し出されている（すぐさま、帰されたが）。そんな広家だったが、父と長兄・元長《もとなが》が九州征伐の最中、相次いで死去（元春、五十七歳・元長、四十歳）。気がつけば、吉川家を継げる条件を有する者は彼だけとなっており、毛利家の次代の〝両《りょう》川《せん》〟の一翼を担うこととなった。

この広家とともに、西軍を裏切る密約を交わした福原広俊は、〝両川〟の一方・小早川隆景亡きあと、輝元がそのかわりとして、最も信頼していた重臣であった（生没年不詳）。

この頃の毛利家は、右の二人にすでにみた毛利秀元、安国寺恵瓊が加わって、全体を動かしていた。残念ながら輝元は、彼ら四人に担がれた神輿《みこし》にしかすぎなかった。

現に関ヶ原における毛利軍の総大将は、毛利秀元がつとめている。彼は元就の四男・毛利（穂井田《ほいだ》）元清《もときよ》の子に生まれ、〝両川〟――吉川元春・小早川隆景の二人――に、

「父元就に似たり。如何様《いかよう》尋常の人にあるべからず」（『名将言行録』）

と期待され、世継ぎのなかった庸愚《ようぐ》（愚かで劣る）輝元の養子となった人物。毛利家はこ

の秀元が次代の当主と定められ、活気をとりもどしたといわれていた。

許されざる毛利輝元の所業

ところが文禄四年（一五九五）十月、四十三歳の輝元に、実子松寿丸《しょうじゅまる》（のちの秀就《ひでもと》）が誕生してしまった。このことにより、毛利家は大いなる苦悩を抱え込むこととなる。

わが子・松寿丸を溺愛する輝元に対して、当時存命中であった小早川隆景は、この世継ぎだけは許さぬ、と珍しく怒りを露わにした。なるほど、人格者で名将の誉れ高い隆景にすれば、松寿丸誕生の経緯《いきさつ》は到底、容認しがたいものであったろう。

松寿丸の母は毛利家の家臣・児玉元良《こだまもとよし》の娘で、のち「二の丸」と呼ばれた女《ひと》であったが、彼女はこの時、すでに杉元宣《すぎもとのぶ》（大内氏旧臣）の妻であった。それに横恋慕し、懸想したあげく、拒絶されるや怒りにまかせて、この人妻を略奪したのが輝元であったのだ。

しかも、この重みのない神輿は、彼女の夫・元宣を殺害してもいた。

隆景ならずとも、まともな人間ならばこの行為は許せまい。隆景は松寿丸を毛利家の後継者とは認めなかった。厳しく甥の輝元を折檻《せっかん》し、「二の丸」を側室とは認めず、彼女を実家の児玉家に送り返すよう、輝元には命じている。

ところが慶長二年（一五九七）六月十二日、六十五歳で隆景が病没してしまった。

よくよく考えればこの時、のちの関ヶ原の西軍は、敗れるべき運命を選択していたのかもしれない。助かったと胸を撫でおろした輝元は、いささかも懲りていなかった。

人妻を奪ったことへの反省心もなく、むしろ抵抗した「二の丸」とその夫を恨み、責任を転嫁し、あげくには心から諫言してくれた叔父の隆景にさえ、死後になって己れの権威が失墜したではないか、と恨み言をいうありさま。

隆景を失った輝元の驕り、高ぶり——その暴走を止めることのできる人間は、すでに単独では毛利家に存在しなくなっていた。おそらく三成と輝元の交際は、一度は隆景によって否定された松寿丸を、毛利家の正式な世継ぎとするため、豊臣政権に認めてもらうべく毛利家が、豊臣家に運動した過程で、結びついたものと考えられる。

ブレーキのかからなくなった自動車のように、それでいて輝元の恐ろしさ——否、秀吉もそうであり、歴史の世界にはよくあることではあるが——は、己れへの認識不足に自覚がなく、何事も自分の実力だとうぬぼれ、錯覚した点にあった。

輝元はなんと西軍の総大将となると、毛利家の家臣を使い、四国・九州地方への独自の侵略・占領を企てている。この程度の低い〝中国の覇王〟は、東西対決と軌《き》を一《いつ》にして、西国へ武力の進攻を開始したのである。

四国へ攻め入り、東軍についた阿波（現・徳島県）の蜂須賀《はちすか》氏を武装攻撃し、この地を占拠している。伊予にも調略の手を伸ばし、かつてこの地を支配していた旧勢力へ働きかけ、人と策を配していた。

毛利氏は、水軍で名をはせた村上武吉《たけよし》や曽根景房《かげふさ》（戸田勝隆《かつたか》から小早川隆景、さらには毛利家臣団となった）を投入。彼らが戦死したのちも、輝元は侵攻の手を止めず、関ヶ原の敗戦の報が伝わったことで、ようやく毛利軍を四国から撤退させている。

名将・吉弘統幸の壮絶な最期

九州しかり、である。朝鮮出兵のおり、臆病行為を指弾され、父・宗麟が懸命に残した豊後一国を豊臣政権に没収された大友義統を、輝元は唆《そそのか》し、積極的に支援。軍資金と軍船、将卒まで貸し与えて、九州へ上陸させていた。

八月半ばに大坂を発した義統は、周防の上関《かみのせき》（現・山口県熊毛《くまげ》郡上関町）を経て、郷里の豊後へ上陸。大友軍は歴世の旧支配者としての権威もあり、呼びかけて三千ほどに膨れあがった兵力は、九月十三日、石垣原《いしがきばる》（現・大分県別府市）において、黒田如水（孝高《よしたか》）と細川忠興の留守居・松井康之らの軍勢と戦ったものの、大敗を喫している。

余談ながら、この決戦で壮絶な戦死を遂げた武将に吉弘統幸《むねゆき》がいた。

大友家の名将・吉弘鑑理の長男・鎮信が吉弘家を継ぎ、次男の鎮理が高橋家を継いで紹運を名乗ったことは、すでにふれている。

すなわち、紹運の長男宗茂は鎮信の嫡子統幸と従兄弟関係にあった。父・鎮信が耳川の戦いで戦死したため、統幸が家督を相続したものの、大友氏はまさに滅亡の危機に瀕していた。それでも統幸は道雪・紹運・宗茂らと同じく、大友氏の滅亡回避に貢献する。

しかし豊臣政権下で、義統は改易されてしまう。統幸は一時、黒田家に預けられ、のちに宗茂の家臣に直った。城番衆に次ぐ重臣として、二千石が与えられている。

やがて東西対決が起こり、大友家再興を家康に託し、江戸にいた義統の息子義乗のもとへ急ぐ道中、統幸は大坂ではからずも、義統と再会してしまう。輝元に唆《そそのか》されて、西軍に加わろうとする義統に翻意すべく懸命に統幸は説いたが、この旧主は受け入れなかった。

統幸は道雪、紹運に似ている。

「命運尽きようとしている旧主を、見捨てるのは不義である」

と、ついには義統の供をする道を選ぶ。

義統と共に豊後に攻め込んだ統幸は、石垣原で黒田如水の軍と交戦。自らも戦場に駆け入って三十以上の首級《しるし》をあげたとされる。しかし、多勢に無勢であった。敗北を悟った統幸は、手勢三十余騎を率いて黒田軍に突撃、華々しい戦死を遂げた。

その後、義統は如水に降伏し、この年の七月（慶長十年説もある）、配流地の常陸宍戸《しど》（現・茨城県笠間《かさま》市）にて死去している。享年は四十八（慶長十年没年説では享年五十三）。

統幸は亡くなる前夜、辞世の歌を遺していた。

明日は誰《た》が草の屍《かばね》や照らすらん　石垣原の今日の月影

主君・大友氏と、生命のつづく限り運命を共にした統幸の忠義と武勇は、後世に「古今たぐいすくなき事」（『黒田家譜』）と称えられ、現在の大分県別府市に吉弘神社が建立された。同社には統幸をしのぶ、参拝者が今も絶えない。

さて、豊後攻略は失敗したものの、毛利軍は関門海峡を隔てた豊前——企救《きく》・田川《たがわ》の二郡を領有していた小倉六万石の毛利（森）吉成（勝信）の門司などは、味方であるにもかかわらず、関ヶ原の戦いが終わるまで占拠し続けている。

おそらく輝元と重臣たちは、かつて毛利家が握っていた瀬戸内海の制海権を、このどさくさ紛れに奪還しようとしたのではあるまいか。その野望の先には石見銀山を含め、東アジア貿易への進出、交易による利益の獲得が、一方的に想定されていたに相違ない。

こうした行為は明らかに、亡き秀吉が定めた「惣無事令《そうぶじれい》」や海賊停止令に背《そむ》くものであり、筆者は西軍総大将の輝元も東軍総大将の家康と同じく、豊臣家の簒奪を狙っていた可能性がある、とみている。

ただ、それにしては輝元には、家康のような灰汁《あく》の強さが見られず、西軍圧勝の工夫をした様子もない。重臣たちの分裂をも都合よく解釈し、あたかも己れが毛利家生き残りの均衡《バランス》をとっているかのような、錯覚をもち続けていたのではあるまいか。

関ヶ原における毛利家の不戦も、実のところ輝元は事前に知っていた可能性がある。吉川広家が毛利秀元、福原広俊、安国寺恵瓊に不戦の密約を話さなかった、というのが正しかったとしても、残りの三将がこのことに、まったく気づかなかったとはいえまい。

――筆者はどうにも、ここが、ひっかかっているのだが。

西軍の宗茂、大津城を攻城す

さて、文禄・慶長の役で武功を輝かせ、名誉を轟かせたその宗茂が、生涯でただ一度、大きな判断ミス、失敗をしたのが、関ヶ原の戦いであった。

いずれ決戦になる、とみた東西両陣営は、争うように常勝宗茂を獲得すべく動いた。

家康方の陣営からは、「勝利の暁には、筑前筑後、あるいは肥前で五十万石を進呈する」とまで誘われている。また、国許《くにもと》柳河で、傍観・静観し、加藤清正や黒田長政と協議しながら、ゆるりと構えるのがよい、という意見もあった。

しかし宗茂は、勝敗には拘《こだわ》るが、武士にはそれ以上に尊ばねばならない義というものがある。自分が籠城していた立花城を生きて出ることができ、柳河十三万石の大名になれたのは、故太閤殿下の格別の引き立てあればこそであった。

「秀頼様に対したてまつる御忠節のため」――そういって、宗茂は西軍に荷担した。

島津義弘と共に美濃垂井《たるい》（現・岐阜県不破郡垂井町）付近へ陣を進めた立花勢四千は、九月三日、当初は西軍に加わっていた近江大津城（現・滋賀県大津市）の城主・京極高次（妻が信長の妹・お市の次女で、妻の姉が淀殿、妹が家康の後継・秀忠の正室お江《ごう》）が、味方の岐阜城陥落を聞いて東軍に寝返ったのを受け、大津城攻城に参戦する。

籠る城方は三千、攻め手は一万五千――。

このおりも宗茂は、攻め口に長く掘られた塹壕《ざんごう》をつたって移動しながら、得意の鉄砲の連射（玉薬《たまぐすり》の筒を縄に通して幾つもぶら下げ、装塡時間を短縮した）で、敵方を射すくめ、その矢狭間（城の壁にあけた、矢を射るための穴）を閉じさせている。

九月十三日、二の丸陥落。本丸に籠った高次に生命懸けの抵抗心はなく、高野山の木食《もくじき》上人・応其《おうご》の説得で降伏開城することになった。十五日、城を出た高次は近くの三井寺《みいでら》（園《おん》城寺《じょうじ》　現・滋賀県大津市園城寺町）で髪を剃り、高野山へ向かう。

それにしても、この高次という人は風変わりな人生を歩んだ人といえよう。

先祖は南北朝時代の名門・佐々木氏。下剋上の中で墜落し、高次はようやく信長に仕えて五千石を得ていた。それが天正十年（一五八二）六月、信長が本能寺に横死《おうし》すると、あろうことか叛臣光秀の誘いに乗って挙兵し、秀吉の本拠・長浜城を攻めている。

ところが、光秀はあえなく敗死。高次は秀吉の怒りを怖れ、越前（現・福井県中北部）の柴田勝家のもとへ、次には若狭（現・福井県西部）の武田元明《たけだもとあき》の所へと逃げ込んだ。

元明が高次の妹を妻としていた縁を頼ったのだが、この元明までが勝家同様に、秀吉に殺されてしまう。とうとう逃げ場のなくなった高次は進退きわまり、なんと妹の龍子《たつこ》＝元明の妻を秀吉の側室として差し出し、危うく生命を救われた。

そしてこの龍子が、のちに京極殿、松の丸殿と称された美貌の持ち主。秀吉の寵愛《ちょうあい》を得て、淀殿に次ぐ側室ナンバー2となった。おかげで運が開けた高次は、二千五百石取りに。文禄四年（一五九五）には近江大津六万石の城主となった。

無論、世上では嫌われた。高次は妹の尻の光で出世した〝ホタル大名〟と陰口を叩かれることとなる。

それでも高次の面白さは、宗茂らに敗れて高野山に逃げ込んだものの、戦後、大津籠城の軍功（?）によって、若狭小浜《おばま》（現・福井県小浜市）八万五千石が与えられたことであろう。

その翌年には、さらに九万二千石に加増されている。自らの力ではなく、実妹、妻、その妹と、女たちの力で生命を救われ、大名になった高次の心情はいかばかりであったろうか。

もしも、宗茂が大坂城に籠城していたならば

宗茂はそのまま、大津城の守備についていたが、この同じ十五日、美濃関ヶ原では東西両軍が激突。西軍は小早川秀秋の裏切りと毛利氏の不戦により、総敗北を喫する。

その日の夜にこのことを知った宗茂は、意外なほど屈託がなかった。彼はまだ、西軍敗北必至とは考えていなかったのである。十二分に巻き返せる、と信じて疑わなかった。

その根拠こそが、大坂城であった。

「三国無双の、あの城があるではないか――」

敗走中の宇喜多秀家、島津義弘、長宗我部盛親《もりちか》などを速やかに入城させれば、まだまだ西軍は有利であり、秀頼公を手中にしているかぎり、最終的勝算はこちらにある、と宗茂は悠々と大坂まで自陣を撤収《てっしゅう》している。

途中、瀬田の大橋（現・滋賀県大津市瀬田）にて、日下部《くさかべ》与右衛門（西軍の別部隊の将か）が、大坂城からの通達によって橋を焼き落そうとしていた。宗茂はいう。

「古より、関東勢の上京に、橋を落として利に成りたることはなし」（『名将言行録』）

焼かずとも、伏見にてわれらが三日逗留《とうりゅう》し、攻めてくる東軍を迎え撃ち申さん、と。

宗茂は当然のごとく、西軍の総大将・毛利輝元に大坂城での籠城策を進言した。

天下一の堅城に豊臣秀頼をいただいて立て籠れば、その大老である家康は手も足も出ないはず。宗茂はあたり前のように、勝利への道筋を説いたが、どうしたことか肝心の輝元が一向に煮えきらない。もしもこの時、宗茂が強引に大坂城へ入城して、とりあえず退去することを輝元に思いとどまらせ、天下六十余州へ改めての檄を飛ばしていたならば、家康や東軍諸将はどう対処したであろうか。

大坂城は東軍が一丸となっても、すぐには抜くことは敵《かな》わなかったに違いない。内戦は応仁の乱のように、それこそ十一年にも及んだ可能性がある。否、家康のことだ、攻めかからず講和となって、双方痛み分けで終了となったであろう。

そうなれば家康が関ヶ原の戦いで手にする、宗茂の没収分も含め、六百六十九万九千五百の西軍の封地は、家康の手には入らず、全国の豊臣家直轄領も奪えず、摂津（現・大阪府北部と兵庫県南東部）・河内（現・大阪府南東部）・和泉（現・大阪府南西部）の三国六十五万七千石に、秀頼を封じ込めることもできなかったはずだ。

西軍荷担の上杉景勝《うえすぎかげかつ》―直江兼続主従も健在であり、毛利輝元の領地がもとのまま残ったとすれば、歴史の歯車は武断派と文治派の争っていた頃に戻ることとなろう。

しかも三成が処刑されていれば、そのあと加藤清正や福島正則は、改めて家康を担ぐこともなくなる可能性があった。もともと犬猿の間柄であった文治派の首領・三成を倒すために、武断派の諸侯が家康を担いで関ヶ原に臨んだのだ。

「向後《こうご》も秀頼公、疎意《そい》はない」

との誓約を、家康が東軍諸侯に約束したればこそ、豊臣恩顧の大名たちはこぞって、家康に犬馬の労をとったにすぎなかった。

講和となれば、理数の才にもめぐまれ、築城にも才覚を発揮した清正が三成にかわって奉行職につくことによって、五大老・五奉行は再編され、一応は治まる。

そうなった場合、家康は再び〝天下分け目〟の決戦を戦うことができたであろうか。筆者はそれ以前からの戦略＝各個撃破——大老を一つずつ潰していくやり方——を、家康は再び選択し、その工作・実践の途中で寿命が尽きたのではないか、と推測している。

いずれにせよ、大坂城落城の悲劇が起きなかったことは間違いあるまい。

終章　二十年後の返り咲きの真相

毛利の変心はいつからか

――少し戻って、整理してみたい。

大坂城に留守居していた毛利秀元が、それまで家康の居住していた大坂城西の丸に押し入り、徳川家の留守居を力ずくで追い出して、西の丸を武装占拠したのが慶長五年（一六〇〇）七月十八日であった。

輝元が大坂城に入城したのが、その翌日である。この鮮やかな行動は、石田三成をはじめ五奉行たちと、毛利家においての事前謀議なしには不可能であった。換言すれば、この時点まで毛利家の総意は、西軍の大兵力を担う覚悟をもっていた、とみるべきではないか。

秀元・広家・恵瓊らは、毛利軍一万八千を率いて、近江瀬田の普請、東軍の伊勢国安濃津《あのつ》城（現・三重県津市）攻撃を経て、九月十日頃には南宮山《なんぐうさん》（現・岐阜県不破郡垂井町）へ着陣している。この間、彼らは明らかに西軍として、東軍を攻撃していた。

しかもこの南宮山へ登ったのは、家康が九月一日、江戸を出発し、西上していることに対応したものであり、毛利軍はこのまま西上する可能性のある家康を、ここで食い止める心づもりでいたことは明白であった。

――このあたりまで、毛利家の西軍裏切りはなかった、と筆者はみている。前章でみた四国・九州への出兵も重ねて考えた場合、吉川広家と福原広俊の結んだ東軍との密約は、どのような意味を持ったのだろうか。関ヶ原の戦いをこの先、まだまだつづく長期戦と、彼らは思い描いていたのだろうか。その可能性は否定できない。が、それにしてはあまりにも、戦略・戦術に統一性を欠いていた。

ここで玉突きのように浮上するのが、宗茂に嫌がらせを仕掛けた小早川秀秋の存在であった。凡庸な輝元からみてさえ、愚か者に見えるこの人物は、西軍についたものの、西軍を裏切る可能性が高く、このことを輝元が事前につかんでいたことは、十二分に考えられた。

つまり輝元は、秀秋の心中を慮っていたのではないか、ということである。東軍西軍いずれにつくべきか、なんとしても勝ち馬にのりたい、という秀秋の心中の迷いを想像して、輝元は一方で関ヶ原における西軍敗戦の場合を考え、自己保身を固めるために密約を吉川広家に結ばせ、それでいて南宮山の布陣は解かなかったのではないか。

おそらく秀秋が西軍として動けば、それに同調して下山し、すでに弱っている東軍を叩き潰せばよい、と思慮していたのであろう。史実の毛利軍は、南宮山に陣取って東西決戦を傍観し、西軍の敗北を見届けたあと、戦場から退去している。九月十七日に広家が記した書状によれば、彼らは決戦の前日に密約を仲介した黒田長政・福島正則らと談合のうえ、西軍敗北のあと、近江筋を東軍の堀尾忠氏《ただうじ》の案内・警護で、無事に大坂へ退却したという。

この撤退のおり、不慮の戦闘は起きていない。からくも西軍に勝利した東軍は、無傷の毛利の大軍を、そもそも相手にできるだけの余力を残していなかった、ということであろう。

家康の論功行賞

すでに、十七日付の長政・正則の毛利氏に対する書状では、関ヶ原に勝利した家康は、輝元との良好な関係を望んでいる、と述べていた。

「殊に分国中相違あるべからずのとおり、御誓帋《せいし》預り安堵この事候《ことにそうろう》」

所領は安堵するから、速やかに大坂城西の丸から退去してほしい、と長政や正則は毛利家へ語りかけている。二十五日頃、輝元は家康の履行を確認することもせず、家康自身の誓紙も受けとらぬまま、そそくさと大坂城を退去し、木津の毛利屋敷へ入った。

ではこの間、家康の行動はどうであったのか。

関ヶ原で圧勝した次の日＝九月十六日から翌日にかけて、東軍が石田三成の居城・佐和山《さわやま》城（現・滋賀県彦根市）を攻め落とすのを、家康自身は平田山（現・滋賀県彦根市平田町）で見守っていた。西軍の大垣城も開城され、九月十八日には家康は近江八幡に到着している。翌十九日に草津へ（この日、小西行長が伊吹山中で捕えられた）。

九月二十日、家康は宗茂が一度は陥した大津城に入城。この翌日には、三成が伊吹山で捕えられている。安国寺恵瓊は京都まで逃げたものの、二十三日に捕えられた。

こうしてみると輝元は、恵瓊が捕縛されたことを知ったうえで、大坂城西の丸を退去したことになる。西軍につきながら自家保全のみならず、拡大を策したことがことごとく露見するかもしれない局面であった。おそらく輝元は、家康の心中など何一つ推しはかることもしないで、慌てふためいて舞台から退場したのであろう。

家康が大坂城西の丸に入ったのは、九月二十七日のことである。そして十月一日、石田三成・小西行長・安国寺恵瓊の三人が、京都の六条河原で斬首となった。

この処刑を追うように十月十日、家康はいきなり、毛利家に周防（現・山口県南東部）・長門（現・山口県北西部）の二国への減封を言い渡す（正確には、輝元の全領土を没収し、功労者の広家に二国を与える、との処置であった。広家はそれを、輝元に詫びつつ譲った）。

十月十五日、今度は関ケ原における東軍諸将への論功行賞が発表された。

家康はよほど、嬉しかったのであろう。大盤振る舞いして、気前よく領地をばらまいた。

最大の功労者である黒田長政は、十八万石から五十万二千四百石余（のち五十二万石）へ。池田輝政は十五万石から五十二万石、加藤清正は二十五万石から五十万二千四百十六石、福島正則は二十万石から四十九万石、浅野幸長《よしなが》は二十一万石から三十九万石と大増封となった。

わずか一日、否、半日の決戦がもたらした空前絶後の恩賞であったろう。

「大坂城に入城できたのだから、安いものよ」

あるいは吝嗇《りんしょく》（けち）の家康は、そう自らに言いきかせていたかもしれない。

家康は心底、輝元が秀頼を奉じて、天下一の堅城・大坂城に籠城することを恐れていたのである。それにしても輝元は、なんという大うつけであったろう。

彼は明らかに、毛利家としての野心から兵を九州・四国に入れていた。関ヶ原の本戦以前においても、家康への敵対軍事行動はしている。それらことごとくを、あの家康が何もなかったように水に流す、と本当に信じていたのであろうか。宗茂の進言を入れて、大坂城にそのまま居続けたならば、みすみす八ヵ国を二ヵ国に削られることもなかったろうに。

宗茂、柳河に鍋島勢を邀撃《ようげき》す

宗茂の無念は、いかばかりであったろうか。自らは一度として負けていないにもかかわらず、味方はわずか一度の会戦で崩壊。天下一の堅城・大坂城に籠って、さあ、改めての戦をと気合を入れたら、城にはやる気のない人々ばかり。

「かかる腰抜けどもに、一味して馬鹿骨折ったは、わしが愚かだったのだ」

宗茂の見切りは、常に早い。

「柳河へ帰ろう――」

家臣たちも無言で頷き、つき従った。

たとえ、柳河にたどり着けても、降参しない限り待っているのは〝玉砕〟〝死〟のみ。否、おそらくは帰りつけまい。九州では黒田如水や加藤清正が待ちかまえているであろう。

それでも宗茂は、柳河に戻りたかった。自分にとって、故郷《ふるさと》と呼べるべきものは、もはや柳河しかなかったのだから。家臣たちの思いも同じであったろう。

道を東軍諸将に塞がれる前に、本州を出るべく、大坂城に人質として留め置かれていた母・宗雲院を救出して、大坂湾に出ると、宗茂は島津勢の帰国するのに出くわした。

序章でみたように、義弘の決断で島津勢は寡兵七、八十騎となっている。

それをみた立花勢は三千五、六百騎。宗茂の家臣の中には、島津は御父上・紹運さまの仇、このさい、討ちましょう、という者も出た。宗茂はいう。

「義弘殿は関ヶ原で多くの家臣を失い、小勢となられた。昔の怨讐《おんしゅう》はあるが、不義の戦はしたくない。ましてや兵数の少ないものを討つのは、武士の恥ぞ」

薄汚いことをいうものではない——父の仇については、故太閤殿下のとりなしによって、すべてを水に流したはず。明国の大軍勢を相手に、ともに奇跡的な大勝利を記録した両家であった。

島津義弘は薩摩領で共に戦おう、と誘ってくれたが、宗茂は柳河へ戻ることにこだわった。闇千代の顔が浮かんでいたのかもしれない。立花家の女城主は、この度のことを許すまい、と思った。外征から戻って以来、城外の宮永村（現・柳川市宮永町）に移り住んでいるのが救いともいえた。

豊後府内に上陸した宗茂は、陸路、柳河を目指したが、固めているかと思われた黒田如水の兵は何処にも姿を現わさなかった。のちの世の語り草になるような、華々しい一戦をしてやろう、と思っていた宗茂は大いにあてが外れた。

加藤清正も小西行長の本拠・宇土城攻めに、かかりっきりとなっていた。

柳河城に帰着した宗茂が迎え撃ったのは、肥前佐嘉城主・鍋島直茂であった。彼の息子・勝茂は西軍について伊勢・安濃津城（城主・富田信高）攻めに参加していながら、関ヶ原の西軍敗報を知り、恥も外聞もなく家康に詫びを入れた。すると家康は、赦免してほしくば立花宗茂を討て、と命じたのであった。しかし、相手はあの〝西国無双〟である。

直茂は如水の軍勢をもあてにして、城北一里半の八《はち》の院《いん》に一万二、三千の軍勢を集め、一説に十二段に陣立てした魚鱗《ぎょりん》の陣形をしいた。一方の立花勢は一千――。

宗茂は常と変わらず、凛とした姿で馬上にあり、いつものように陣を分け、大いに鬨の声をあげて、挑みかかった。百戦錬磨の立花勢の邀撃（敵をおびき寄せ、迎え撃つ）は凄まじく、鍋島勢は瞬く間に寸断されて、十二段のうち九段までを切りくずされた。が、さしもの宗茂も、それ以上は進めなかった。これからの戦がある。今日はここまで、と退却にかかった。

整然と一糸乱れぬ見事な退却に、鍋島勢は追うことも動くこともできなかったという。

柳河開城と島津氏への和睦働きかけ

黒田勢が柳河の東北方二里の水田《みずた》村（現・福岡県筑後市水田）に到着したのは、翌日のこと。東方一里半の瀬高《せたか》（現・福岡県みやま市）にも加藤勢が着陣した。

使者が清正の書をたずさえて、宗茂に開城をすすめてきた。

その武勇と人格の高潔さとを讃え、討死させたくない、と清正はいう。あわせて、誠忠無

写真7　柳河城址に建つ記念碑（福岡県柳川市。柳川市観光課提供）

比なる家臣たちの殉道《じゅんどう》を心からいたんだ。また戦えば、柳河城下は戦火の巷《ちまた》となる。

武士としての意地は、八の院の一戦で充分に表明したであろう、と清正はいった。

しかも聞けば、肥後から柳河へ入る二道のうち、近い道＝江ノ浦道を紫《むらさき》縅の鎧に身をかためた、闇千代が総勢二百をしたがえて、入口を固めているという。城から宗茂にことわりなく、闇千代様ご守護を願って、少なからぬ将兵が宮永村にはせ参じていた。

どうせ死ぬならば、正統・戸次道雪の姫様を守って死にたい、というのであろう。

清正は闇千代との衝突を避け、遠回りの瀬高道を進んできた、と使者はいった。

誰のために、華々しい籠城戦ができるのか

か。

——実父高橋紹運は、息子の宗茂を生かさんがための生命を懸けた籠城であった。が、今の自分には大義名分がない。あるとすれば己れの面子《メンツ》だけ。それに家臣を巻き込んでもいいのか。

家臣には家族がいた。領内には、外征中も田畑を耕し続けてくれた領民がいる。

宗茂は上方を去るにあたって家臣の丹《たん》半左衛門尉を残してきた。その後の情勢を知るためである。一方の清正も攻め掛からず、身にかえて、と宗茂と立花家家臣の今後を請け負う。

そこへ、「身上安堵の御朱印」を携えて、半左衛門尉が帰ってきた（十月二十二日）。

宗茂は開城に応じることにする。同月二十五日、和睦交渉が成立、開城は十一月三日のことである。宗茂主従の身柄は、家康からの次の沙汰があるまで、清正預けとなった。

柳河城には、清正の家臣・加藤美作守《みまさかのかみ》正次《まさつぐ》が城番として入る。

城を去る日、庄屋の代表は、「もう一度、戦うてくだされ」と宗茂の馬前に立ちふさがるようにして懇願した。だが宗茂は、「さらばじゃ」と別れを告げる。すると領民たちは、泣きながら、いつまでもいつまでも宗茂たちの後を慕い、ついてくるのだった。

領主として何ほどのこともできなかった自分を……、そう思うと、さしもの宗茂も涙を禁じ得なかったという。途中、三橋《みつはし》村（現・柳川市）にいたると、加藤清正が自ら出迎えにあらわれ、瀬高の本陣に宗茂らを誘った。

屈託なく盃を受ける宗茂を見て、その悠揚《ゆうよう》せまらぬ態度に、加藤家の重臣たちは、

「さすがは大明国、高麗まで名を轟かせた立花殿じゃ、かような時は、いかな豪気者でも、悪びれてしまうものじゃが……」

と感心することしきりであったという。

この頃、宗茂は「政高」を一時的に名乗り、ほどなく「尚政」と改めている。

開城のあと、彼は島津攻めの「先鋒」として、黒田如水の指揮下に入っている。これはいまさらながら、戦功をあげて返り咲こうという、鍋島勝茂と同様の行動ではなかった。

宗茂が柳河開城を決意したすぐあとの、十月二十七日付で、彼は島津義久・義弘・忠恒(義弘の三男・のち薩摩藩初代藩主)に宛てて、和睦をすすめる書状を発していた。

その中に、次のくだりがあった(島津家文書)。

一、余程近く押し詰まり候《そうろう》間《あいだ》、人数を出《だし》、鍋嶋《ママ》陣所へ仕懸《しかけ》候。数刻あい戦、互《たがい》勝負これなく候。しかりといえども敵大勢、味方は無人ゆえ、手負《ておい》戦死歴々について、居城きはまで《で》諸勢押し寄せ詰陣候。しかるところ京都へ残し置き候使《つかい》まかり下り、まず

もって御赦免の道仰せ出され候のあいだ、加主（加藤清正）・黒田如水へ理を申し、和談にまかり成候事。

これまでのいきさつを述べ、「上方の儀静謐《せいひつ》せしめ、東国まで残所なき仕あわせ候、貴家御一分《ごいちぶん》にあい極まり候条、一刻も早々御使者差し出さるべく候」。

宗茂は、島津氏に天下の形勢を説いて、家康への和睦（謝罪）をすすめていた。

牢人・立花宗茂と家臣団

結局、島津攻めは中止となり、十一月二十二日には征伐軍は撤兵となっている。

宗茂はこの後、大坂へ向かい、家康への関ヶ原の釈明を行った。このおり宗茂を弁護したのは、関ヶ原で一番手柄——福島正則ら武断派の抱き込みに成功した、黒田長政であった。

宗茂の処置（領知安堵）はなかなか決まらなかったが、立花領を含め筑後一国は、石田三成を捕えた東軍の将・田中吉政《たなかよしまさ》に宛行《あてが》われることに。宗茂の地位回復はならなかった。

三河岡崎に五万七千四百石を拝領していた吉政は、関白・豊臣秀次の家老をつとめ、秀次切腹後、秀吉に連袂《れんぺい》処分されることもなく、十万石の大名となっていた。それがこの度、破格の筑後柳河に三十二万石取りとなったのである。初入国の暇《いとま》（猶予期間）は、慶長六年（一六〇一）三月に出されたとある（『寛政重修諸家譜』）。

牢人となった宗茂にとっての、わずかな救いは、家臣たちが路頭に迷うことがなかった、という点であったろうか。不敗の立花勢の将士を召し抱えたい、という諸大名が引き抜き《スカウト》の列を成した。清正も長政も領地が増えた分、勇猛果敢な立花家臣団をほしがった。

筆頭家老の小野和泉は最終的に、二百五十余石をもって加藤家へ、次席家老の立花賢賀は黒田家へ、といった塩梅《あんばい》であった。

もっとも、殿は一人じゃ、とあくまで宗茂のもとを離れぬ者、武家奉公は懲りた、と帰農する者も少なくなく、宗茂は隈本（のち熊本）城下から西北に五里――玉名郡高瀬村（現・熊本県玉名市）の千間寺《せんげんじ》に、家臣百人余りと入った、と一般には伝えられてきた。

ただし『立斎旧聞記《きゅうぶんき》』（『立斎公旧聞記』とも・立花宗茂の一代の事を記した書）では、慶長六年の春まで、『浅川聞書』（宗茂の近臣・浅川伝右衛門による聞書）では同七年の春まで、と滞在に差があり、「立斎様自筆御書之写」では上方にあがったまま、なし崩しに宗茂は牢人したようにも受け取れた。

一方、妻の誾千代は、高瀬から二里行った腹赤《はらか》村（現・熊本県玉名郡長洲町《ながすまち》）の、庄屋の家に清正の援助で、彼女の母・宝樹院と侍女、近侍らと暮らすことになった。

が、ほどなく食が細くなり、寝つくことが多くなったという。

その中で誾千代は、道雪の信仰していた稲荷の御札を求め、わが生命に代えて、宗茂殿を守りください。なにとぞ、立花家の再興にお力を貸してください、と病床にあって祈り続けたと伝えられる（慶長七年十月十七日に、当地にて死去。享年は三十四）。

立花家の生活費は、加藤清正や旧臣からの扶助合力《ごうりき》であり、清正は内心、宗茂を自らの家臣に抱えたい、と願っていた。無論、宗茂の名声は高い。万石を超える仕官の誘いは引きも切らなかったが、それらに本人は全く関心を示さなかった。

宗茂は一人、徳川家康を見据えていた。上洛も、そのためであった。

宗茂の浪々生活に従った十九名が一般に知られているが、立花賢賀にあてた宗茂の書状には、二十数名の名があった。由布雪下（諱は惟信・戸次氏譜代の家老）、十時摂津（諱は連貞・同じく戸次氏譜代）、矢嶋石見《いわみ》（諱は重成《しげなり》・もと足利将軍家の家臣）、由布壱岐《いき》（諱は惟次《これつぐ》・由布雪下の子）、十時三弥《さんや》（侍大将）、因幡宗糺《いなばそうきゅう》（大組組頭）、戸次治部《じぶ》（大組組頭）、池辺勘解由（池辺龍右衛門の一族か）……。

供をした家来は、ときに清正の領地へも往来したり、交代したりした者もいたようだ。

十万石の仕官を袖にする

ただ、思いのほか上方、それにつづく江戸での滞在が長引いたため、持参の金子《きんす》が底をつき、旧臣たちへ無心する一方、宗茂を養う同行者たちは、竹笊《たけざる》や草履《ぞうり》を編んだり、竹箸をけずったり、日雇い仕事に精を出さねばならなかった。乞食《こつじき》までやった、との話もある。

この点、宗茂は日々の生活に疎かった。小なりとはいえ、田舎城主の息子に生まれ、清廉潔白に生きることのみを教育されてきたため、戦に関しては驚くべき緻密な、それでいて大胆不敵な戦術を編み出す〝天才〟であったが、生活費を稼ぐという知恵には欠けていた。

人間には各々、得手不得手というものがある。

ある日、米櫃《こめびつ》にわずかな米しか残らなくなったことがあり、家臣が雑炊をつくって宗茂の前に供したことがあった。

宗茂は一瞥《いちべつ》して、要らざることをする。飯のままに出せば、汁くらいはわしがかけるわ、といったとか。あるいは、「こんなものが食えるか！」と膳をひっくり返したとも。

つき従ってきた家臣たちは、皆、泣いたという。情けなかったのか、自分たちの苦労を理解せぬ主人を悔しく思ったのか、いずれでもなかった。彼らは大名に返り咲く志を忘れていない宗茂に、感激の涙を流したのである。

庭に飯の残りを干していたことがある。干飯《ほしいい》にするためであったが、そこへ俄雨《にわかあめ》が降り出した。家には宗茂しか残っていない。彼は働くことを知らず、書見をしている。もしや殿《との》が、気をきかせて取り入れてくださるか、とかすかな望みをもって馳せもどったが、宗茂はいつもと変わらずの書見をしており、干飯は雨に打たれていた。しかし家臣たちは思う、それでこそわが殿じゃ、と。いずれご運が開けよう、と皆して喜び合ったと言う。

あるいは、もと十三万余石の大名の家老・十時摂津が、深編笠《ふかあみがさ》で面体《めんてい》を隠し、にわか虚無僧《こむそう》となって門《かど》づけをしていた、との挿話がある。これも時勢、浪々の主君の生活費を稼ぐため。摂津は立花家にあって、一騎当千の兵《つわもの》の中でも一、二を争うほどに腕が立つ。尺八は趣味。これをもって托鉢《たくはつ》に江戸を流していると、西部開拓時代に相当する当時の江戸は、治安も悪く、喧嘩、刃傷沙汰は連日のこと。質《たち》の悪い牢人も、巷にあふれていた。

こともあろうに、摂津に因縁をふっかけ、からんで金を出させようとした物好きが三人いた。主人に迷惑がかかっては、と自重した摂津だが、三人は抜刀して斬りかかってくる。

やむなく一人の刀を奪い、瞬時に三人を討ち果たし、そのため町奉行所へ連行された。

あまりに鮮やかな摂津の手並みから、これを聞きつけて本多忠勝（伊勢桑名城主に栄転していたか）が宗茂を訪ねてきた、という挿話もあれば、老中・土井大炊頭利勝《どいおおいのかみとしかつ》であったとも。

とにかく、徳川幕府に改めて、宗茂が江戸にいるということを印象づけた。

それを聞いてか、〝加賀百万石〟（正しくは百十九万二千七百六十石）の前田家から、十万石にて仕官を、との話が、牢人宗茂に舞い込んだこともあった。

返答に期待する家臣に、宗茂は独り言を言うように、それでいて使者に聞こえるように、

「腰ぬけの分際で、よくもそのようなことがいえたものよな」

といい放った。

加賀藩前田家の藩祖・前田利家は、五大老でありながら主君・豊臣秀頼を守り、徳川家康と戦う道を明確に示さなかった。参勤交代は、利家の正室・芳春院《ほうしゅんいん》を人質として、前田家が江戸に送ったことが前例となったものである。

もともと織田信長の家臣であった利家は、北陸方面軍の司令官であった柴田勝家に引き立てられ、ついには能登七尾城主（二十三万石）となりながら、ここ一番の賤ヶ岳の戦いで、関ヶ原における小早川秀秋と同じことをやり、勝家を裏切って、敵の羽柴秀吉を勝たしめた男であった。宗茂はこの裏切りが唾棄《だき》すべく、許せなかったのであろう。

宗茂が見据えていた脆弱な徳川幕府

大坂城にある豊臣家からも、高禄をもって召し抱えたい、との話が来た。が、宗茂の中では筋は通した、との思いがあった。加えて、関ヶ原の勝敗は、朝鮮出兵に借り出された諸大名の、忸怩《じくじ》たる思い、後悔、猛省の結果でもあったはず。時代は明らかに、移っていた。

慶長八年（一六〇三）二月十二日、家康は征夷大将軍となり、江戸に幕府を開いた。

この宗茂が仕えるべきは、家康のみ。その家康が沈黙したまま、二年後に将軍職を秀忠に譲ったならば、この二代将軍こそが、自らの仕えるべき主君でなければならなかった。

――なにしろ、歴史の真相は、結果論でみるほど単純なものではなかったのである。

関ヶ原で家康が勝利したその時、その場にいた板坂卜斎《いたさかぼくさい》（家康の侍医）は、日記（『慶長《けいちょう》年中卜斎記《ねんじゅうぼくさいき》』）の中で、次のように論評《コメント》していた。

「この時分まで、家康公を主《あるじ》とは大名衆も存ぜられず、天下の御家老と敬《うやま》い申すまでに候。御主は秀頼公と心得られ候。諸人下々まで御家老と心得、主とは存ぜず候」

関ヶ原で戦って勝利したのは、実際は豊臣恩顧の大名たちであり、なるほど彼ら＝東軍は、家康を神輿に担いで戦ったが、それは徳川家のためではなかった。彼ら東軍主力の総意は、一《いっ》に石田三成憎し！　につきていた。

確かに、黒田長政や細川忠興、藤堂高虎といった大名は、秀吉の死後、旗色を鮮明にして、家康支持を表明してくれていた。が、関ヶ原の戦いにおける最大の功労者・福島正則などは、戦後、家康は豊臣家を簒奪するのではないか、と疑念を抱き始めていた。

この生来、感情の起伏過剰な男は、加藤清正と共に、凄まじいまでの愛情を、豊臣家に寄せていた。もし家康が、豊臣家を覆そうとしたならば、かならずや二人は、牙をむいて、立ち向かってくるのは必定であった。

ほかにも、浅野幸長——彼は五奉行の一・浅野長政の長子にあたり、関ヶ原の前は甲斐府《ふ》中《ちゅう》（現・山梨県甲府市）二十一万五千石（うち長政が五万五千石）、戦後は論功行賞で紀伊和歌山（現・和歌山県和歌山市）三十七万六千石への加増となっている。

この浅野家は、秀吉の正室・北政所の養家であり、幸長は彼女の義理の甥にあたる。

もし、彼らが文字通り、秀頼の〝藩屏《はんぺい》〟となって徳川家に立ち向かってくれば、それこそ家康は苦境の淵に追いつめられることになったろう。だからこそ彼は戦後、東日本を可能な限り、自家の部将を大名にとりたて固め、豊臣恩顧の大名を西日本へ、意図的に集めたのである。なぜ、西日本なのか。大坂に秀頼がいたからだ。

そのため大名のみならず、公家も庶民も、日本には新しい支配構造——豊臣関白家と徳川将軍家が並立した形——が誕生した、との認識をもったものは少なくなかった。
わかりやすくいえば、西日本を秀頼が采配し、東日本は家康が支配する——そのモデル・ケースとして、家康が最初に思い描いたのは、鎌倉幕府であったに違いない。

家康の「鎌倉幕府構想」と「室町幕府構想」

治承四年(一一八〇)、平家打倒をスローガンに挙兵した源頼朝は、相模国鎌倉を拠点として、日本最初の武家政権を樹立した。だが、この政権は日本統一の政権ではなかった。脆弱な、地方のそれでしかなかったのである。なにしろ、京都の朝廷は鎌倉幕府から依然、独立した政権として運営されており、神社仏閣も幕府の指揮下にはなかった。

第一、全国の武士もすべてが、鎌倉幕府に参加していたわけではない。実体は東国に勢力圏をもつ地方政権であり、事実、朝廷も東国の支配権を承認していたにすぎなかった。

なるほど頼朝は、異母弟の義経を追討する名目で、全国の軍事・警察権を掌握する「日本国惣追捕使《そうついぶし》」、全国の土地の所有者任免権を持つ「日本惣地頭」の地位と、全国に守護・地頭の設置を朝廷に認めさせはした。奥州の藤原氏も滅ぼしている。が、源氏三代——のちは執権北条氏の飾り——に与えられた征夷大将軍の肩書きは、全国津々浦々にまでは及んでいなかった。

たとえば二度に及ぶ蒙古襲来ののち、九州における軍事統率、訴訟裁判を目的に、鎌倉幕府は博多へ「鎮西探題」を駐在させたが、その実体は九州地域の武家の、喧嘩の仲裁程度のもので、全国政権の九州統治の印象《イメージ》からはかけ離れて、貧弱なものでしかなかった。

「せめて、室町幕府に近づけたいものよ」

自ら征夷大将軍となった家康の本音は、これであったろう。

室町体制は、鎌倉のそれよりはましな力をもっていた。鎌倉にあって御家人たちの神輿に担がれていたにすぎない前の幕府より、室町幕府の権限は広範囲に及んでいる。

京都の室町に幕府が創立したため、同じ洛中の朝廷を統御しやすくなった。半面、東日本に目が届きにくくなる。そこで幕府は、自らの出先機関として、のちに鎌倉公方《くぼう》（関東公方とも）を設置した。ところが、足利将軍家から関東に派遣された鎌倉公方は、畿内から距離的に遠いことをよいことに、自らを関東の支配者と思うようになってしまう。

同じうぬぼれは、鎌倉公方の下にあって、実務を総覧させた関東管領《かんれい》もしかり。

しかも彼らは武力を有している分、自分たちの方が鎌倉公方より偉いと勘違いし、上杉氏四家に分かれて覇権争いをはじめるありさま。鎌倉にあれば西日本は遠すぎてうまく采配できず、京都に武家政権を移しても、今度は東日本が霞の彼方で制御できなくなる。

「ならば、西は豊臣家にくれてやるしかあるまい」

家康の心中を忖度すれば、彼はそのように考えていたはずだ。

なにしろ、全国統治権を主張すれば、豊臣恩顧の大名たちと武力衝突するのは必至である。家康ほど用心深く、守勢に立って戦国時代を生きてきた人物が、そのような結果の不透明な博奕《ばくち》など、打つはずはなかった。問題は、豊臣が上か徳川がその上にいるか、であったが、家康はこの支配の構想を、決して明確にはしなかった。

征夷大将軍は関白の下位である。が、幼少の秀頼はいまだ、関白とはなっていない。現時点での官位は正二位内大臣であり、家康は従一位右大臣――その上の官位であった。

秀頼を手中にできなかった家康

通史は結論でものをいうが、当事者の家康はこの二重構造の体制をぼかし続けている。どちらが上とも下ともいわず、己れの政権を公武一体となってのもの、とも、そうでない、とも明言していない。否、できなかったのである。

くり返すようで恐縮だが、この矛盾をかかえた政体をすっきりさせるためには、豊臣家を徳川家の系列大名に落とし込む必要があったが、残念ながらそれをやり切れるだけの実力と自信が、当の家康にも徳川家にも、いまだなかったのだ。

天下は表向き平穏であったが、突きつめて考えはじめると、何もかもが一触即発の危険性を孕《はら》んでいた。徳川幕府にとってあやういのは、豊臣家に近い藩屏ばかりではなかった。

関ヶ原で減封処分にされ、家康を恨み、徳川幕府を憎んでいる大名家は少なくない。主だったところでは、すでにみた毛利輝元。上杉景勝も、会津百二十万石から米沢三十万石へ。佐竹義宣《さたけよしのぶ》も、五十四万五千八百石から二十万五千八百石へ減封となっている。

薩摩の島津義久（名目上の当主は弟の義弘）は西軍に付きながら、例外的に関ヶ原以前からの表高七十七万石を地勢的特徴――九州の最南端――のおかげで、減封されずに済んだ。

だが、島津家が家康に含むところのあるのは明らかであり、その証左が西軍で関ヶ原を暴れまわった宇喜多秀家を匿っていた史実であろう。慶長八年になってから、島津忠恒（のち家久）が秀家に自首をすすめたとはいえ。

また、味方についたものの中にも、伊達政宗のような曲者《くせもの》がいる（宗茂と同年生まれ）。

その政宗が実に興味深い手紙を、関ヶ原から七ヵ月後の慶長六年（一六〇一）四月二十一日付で、堺の今井宗薫《そうくん》（宗久《そうきゅう》の子）に送っていた。宗薫は改めて和泉・河内両国の代官を、家康に仰せつかったその側近ともいうべき人物。現代語訳すると、次のようになる。

「我らの願いとしては、秀頼さまはご幼少の間、江戸かもしくは伏見にあって、内府（家康）さまのおそばにしかと置き申して、おとなしくご成人なられたなら、その時はいか様とも内府さまのご分別次第にお取り立てもなされよう。〈中略〉が、只今のように大坂に置いで、やがて奸物共が関ヶ原のときと同じように現われて、秀頼さまをいつなんどき担いで、謀逆を企てないともかぎらない。もしこのようなことになれば、その者のために何もしらない秀頼さまが、お腹を召さねばならなくなり、それこそ故太閤さまの亡魂も浮かばれないことになるであろう」（『河内観心寺文書』より）

政宗は、かつて秀吉が主君信長の直孫・秀信（関ヶ原で西軍につき、岐阜城を陥されて出家、二十六歳で没）を育てたようにすべきだ、といいたかったのだろう。

一方で家康が自分をどう見ているかを、政宗はよく理解していた。

面白いのは、右の政宗のいい分に、返答したかのような家康の言動が『武徳大成記』（林信篤、木下順庵らの編纂・貞享三年〈一六八六〉成立）に載っていた。

「なるほど将来、その危険性がないとはいえぬ。さりながら、現在は幼少の秀頼さまに何の企てのあろうはずもあるまい。それにいまただちに移封させるというのは、人情においても

忍び難いものがある」（筆者、現代語訳に改める）

この家康の言を聞いた徳川家の家臣たちは、その公明正大にして仁慈にあふれる主君の考えに、心から感服したというが、史実はすでに見てきた通り、大いに異なっていた。

勘繰《かんぐ》れば政宗も、内心、どうだ、やれるものならばやってみてはいかがか、と家康の心底を知っていて、わざと右のような手紙を書いたとも考えられなくはない。

宗茂、幕府に召される

当時の天下六十余州の、総石高は千八百七十二万石余。家康はその三分の一を、自らの懐に得たことになる。が、それでもすべてを己れの思い通りにはできていなかった。

家康の敵は、ほかにもいた。彼の裁断によって大名家を追われたり、主家改易によって禄を失ったりした十万余に及ぶ牢人たちである。彼らはそれこそ、在野にあふれていた。

一朝、豊臣氏対徳川氏の武力衝突というようなことにでもなれば、牢人たちはこのときとばかりに、関ヶ原の恨みを一念に、徳川家に打ちかかってくるに相違ない。

一見のどかにすらみえる、小康状態の泰平の世は、再び戦国乱世に逆もどりしてしまう。

家康にはこうした武力以外にも、恐れているものがあった。否、武力より以上に一番恐れていたもの、といってもよい。それは、己れの寿命である。

関ヶ原の戦いのおり、彼は参加大名のうちでの、最年長に近い五十九歳であった。が、「人間五十年は、生きたいものだ」といわれた当時の命数からいえば、この覇王はいつ、あの世からお迎えが来てもおかしくはない、切迫感の中にくらしていた。

豊臣恩顧の大名たちは、家康の個人的威望のみを恐れ、関東に臣従している。

その家康が死ねば、彼らはなだれをうって東海道を西へ駆けつけ、秀頼のもとへ旧来通りの臣下の礼をとるかもしれなかった。二重構造の支配は再び、「豊臣」の旗のもとに一元化される可能性を秘めていた。なにしろ、一発勝負で期せずして転がりこんだ天下である。同じように瞬時にして、主を替える懸念は十二分にあった。

固まっていない徳川の支配体制が、すでに十年(実質的には、秀吉が関白に任じられてから十五年)つづいてきた豊臣政権に滑脱《スライド》されても、何の不思議もなかったろう。

無論、家康とて可能なかぎり打つべき手は打ってきた。

まず、秀頼を摂津・河内・和泉の内に、六十五万七千四百石を領有する一大名の地位におとしめた。しかし、そのすまう城が、問題であった。

家康にとって、最大の課題といってよい。大坂城だ。

写真８　立花宗茂像（立花家史料館蔵）

（もし、この大坂城に生涯無敗の立花宗茂が入城したならば……）

家康は当然、大いなる懸念を抱いていたであろう。

宗茂は泰然自若——まるで家康と囲碁でも対局するように、無為の日々を送っていた。

慶長十一年（一六〇六）——関ヶ原から六年後、二代将軍・徳川秀忠がついに、宗茂を召し出した。知行五千石の大番《おおばん》頭《がしら》（親衛隊の隊長）という条件を、彼は受けた。あわせて、戦場経験の達者なものが選ばれる「御咄《おはなし》集《しゅう》」にも挙げられている。

宗茂は真っ直ぐに、徳川幕府を見据え

ていた。その後、奥州南郷《なんごう》＝棚倉《たなぐら》（現・福島県東白川郡棚倉町）の、一万石の大名となった。ただありがたく、とのみ論評《コメント》している。四年後、加増を受けて領知高が三万石となった。この時、「宗茂」と改名した。彼本人の求めてやまなかった目的が成就した、との確信を、抱いたのかもしれない。

翌慶長十六年六月二十四日には、親交浅からぬ加藤清正がこの世を去っている（享年五十）。

家康が豊臣家を滅ぼすべく、武力行使に舵を切ったのは、おそらくこの時であったろう。難敵の清正はなくなり、宗茂は幕府の中にあった。

愚直な最期

宗茂は徳川幕府において、譜代並みの扱いを受け、大坂の陣では終始、将軍秀忠のそばにいて助言、戦場での心得を教導し、豊臣家の滅亡を見送っている。

その心情を問われたとき、宗茂は次のように述べている。

「太閤の御子孫に向ひ、弓を彎《ひ》き申《もうす》こと、一身に取て、憚《はばかり》に以て候《そうら》へ共、関ヶ原合戦の刻まで、秀頼公の為《た》めには既に身命を捨て、家を潰し申《もうし》たり。是《これ》太閤への報恩なり」

（『名将言行録』）

筋は通した、というのである。七月十三日、「元和」と改元がなされた。

今は徳川家のために、そういった宗茂はその翌年の四月十七日には、徳川家康を見送ることになる（家康の享年は七十五）。

そして元和六年（一六二〇）八月七日、柳河藩二代藩主・田中忠政《ただまさ》（吉政の四男で後継者）が三十四歳で没したものの、世嗣がなかったことから、田中家が断絶となった。

これを受けて十一月二十七日、宗茂の柳河再封が幕閣により決定される。翌年正月十日には、宗茂の弟・直次の家も三池に再封と決した（もっとも直次は、元和三年に常陸国筑波郡柿《かき》岡《おか》〈現・茨城県石岡市柿岡〉で没していたので、その長子・種次《たねつぐ》が継承した）。

一ヵ月後の二月二十八日、宗茂は柳河城に入城した。石高は十万九千六百石余。柳河を去って二十年――この時、宗茂は五十五歳になっていた。

故郷は一変していた。建築に天分の才を持つ田中吉政は、宗茂時代、未完であった柳河の城下町を見事に設計し、掘割を整備して、面目を一新させていた。

二十一世紀の今日の〝柳川〟まで、その恩恵に与っているといっても過言ではなかった。が、宗茂はあえていう。

写真9　三柱神社。名称は祭神として戸次道雪、立花宗茂、誾千代の三体が祀られていることに由縁（福岡県柳川市。柳川市観光課提供）

「居宅広大《こうだい》になれば端々の者は寄り付かぬものなり」（『名将言行録』）

立派になった柳河城をみて、これでは下々の者が寄り付かないではないか、と彼は一言。「上と下とは大分遠ざかり、上のことも下にすぐ知れず、下のことはなお上に知れぬものなり」（同上）――上下関係が疎遠になっては困る、というのだが、それは明らかに己れの心の動揺、一種の照れ隠しであったろう。

あまりに見事な柳河をみて、自分にはこうはできなかった、と心の底から驚嘆した宗茂は、自分にはできぬこと、新たな建設はせぬ、との自戒を込めたものであったかと思われる。

再入封の三年後の七月、宗茂は実父・高橋紹運五十回忌の法要を臨済宗定慧《じょうえい》山天叟寺《てんそうじ》でいとなんでいる。

寛永十四年（一六三七）から翌年にかけての、天草・島原の乱にも、宗茂はとくに三代将軍家光に乞われて従軍していた。

その彼が隠居を許されたのは、七十二歳のとき。「立斎」と号することになる。

それでいてその後も、宗茂は将軍家光の近侍として、江戸にあることが多く、寛永九年に相次いだ加藤清正の息子・忠広《ただひろ》（熊本藩二代藩主）の改易や、黒田長政の後を継いだ忠之《ただゆき》（福岡藩二代藩主）と重臣・栗山大膳《くりやまだいぜん》の衝突＝黒田騒動にも、将軍を補佐してぶれることのない、愚直な発言、行動を行っていた。

寛永十九年十一月二十五日、江戸で亡くなった宗茂は、今日でいう胃癌の可能性が高かったという（享年七十六）。

遺骸は江戸下谷《したや》（現・東京都台東区）の広徳寺に葬られ、「大円院殿《だいえんいん》松陰宗茂大居士《しょういんそうもだいこじ》」と号した。その後、関東大震災で被害をうけた広徳寺の墓地は、東京府北豊島郡下練馬村（現・東京都練馬区桜台）へ移転され、現在は同寺と、柳川市の福厳寺《ふくごんじ》に墓がある。福厳寺には、宗茂と誾千代の墓が並んで建てられている。

生涯不敗、それでいて心術（心のもち方）の高潔さ、出処進退の愚直さにおいて、筆者はこの人物こそ、戦国無双の武将だと信じて疑わない。

ラクレとは…la clef=フランス語で「鍵」の意味です。
情報が氾濫するいま、時代を読み解き指針を示す
「知識の鍵」を提供します。

中公新書ラクレ
712

立《たち》花《ばな》宗《むね》茂《しげ》
戦《せん》国《ごく》「最《さい》強《きょう》」の武《ぶ》将《しょう》

2021年1月10日初版
2023年9月20日3版

著者……加《か》来《く》耕《こう》三《ぞう》

発行者……安部順一
発行所……中央公論新社
〒100-8152 東京都千代田区大手町1-7-1
電話……販売 03-5299-1730　編集 03-5299-1870
URL https://www.chuko.co.jp/

本文印刷……三晃印刷
カバー印刷……大熊整美堂
製本……小泉製本

Published by CHUOKORON-SHINSHA, INC.
Printed in Japan　ISBN978-4-12-150712-9　C1221

中公新書ラクレ　好評既刊

L698
東京レトロ写真帖
秋山武雄 著

15歳でカメラを手にしてから約70年。浅草橋の洋食屋「一新亭」を営むかたわら、趣味で撮りためた風景写真は、東京の貴重な記録となった。下町の風物詩や、よく知られた街の昔の姿、今は見ることがなくなった街の風景……。150枚以上の写真と逸話から、懐かしい景色が甦る。2011年12月から続く、読売新聞都民版の人気連載「秋山武雄の懐かし写真館」から72編を選んだ、中公新書ラクレ『東京懐かし写真帖』の続編。

L699
たちどまって考える
ヤマザキマリ 著

パンデミックを前にあらゆるものが停滞し、動きを止めた世界。17歳でイタリアに渡り、キューバ、ブラジル、アメリカと、世界を渡り歩いてきた著者も強制停止となり、その結果「今たちどまることが、実は私たちには必要だったのかもしれない」という想いにたどり着いたという。混とんとする毎日のなか、それでも力強く生きていくために必要なものとは？　自分の頭で考え、自分の足でボーダーを超えて。あなただけの人生を進め！

L704
大学とオリンピック 1912-2020
―歴代代表の出身大学ランキング
小林哲夫 著

日本のオリンピックの歴史は大学抜きには考えられない。戦前、オリンピックの精神として貫かれたアマチュアリズムに起因し、両者の親和性は極めて高い。実現には至らなかった1940年東京大会では、構想から大学が深く関わった。戦後、企業スポーツ隆盛の時代へと移ってもなお、大学生オリンピアンは不滅だ。1912年大会から2020年東京大会までを振り返り、両者の関係から浮かび上がる、大学の役割、オリンピックの意義を問う。